农业经理人常用法律知识

主 编 刘 雯 王 靖
副主编 彭方颖 康芸宾 赖丽民

西南交通大学出版社
·成 都·

图书在版编目（CIP）数据

农业经理人常用法律知识 / 刘雯，王靖主编. -- 成都：西南交通大学出版社，2024.6
ISBN 978-7-5643-9806-4

Ⅰ. ①农… Ⅱ. ①刘… ②王… Ⅲ. ①法律 – 中国 – 职业培训 – 教材 Ⅳ. ①D92

中国国家版本馆 CIP 数据核字（2024）第 083530 号

Nongye Jingliren Changyong Falü Zhishi
农业经理人常用法律知识

主　编 / 刘　雯　王　靖　　责任编辑 / 周嫒嫒
封面设计 / 吴　兵

西南交通大学出版社出版发行
（四川省成都市金牛区二环路北一段 111 号西南交通大学创新大厦 21 楼　610031）
营销部电话：028-87600564　028-87600533
网址：http://www.xnjdcbs.com
印刷：四川森林印务有限责任公司

成品尺寸　185 mm × 260 mm
印张　9.25　　字数　187 千
版次　2024 年 6 月第 1 版　　印次　2024 年 6 月第 1 次

书号　ISBN 978-7-5643-9806-4
定价　29.00 元

课件咨询电话：028-81435775
图书如有印装质量问题　本社负责退换

前言

PREFACE

农业是强国之基，立国之本。农业农村现代化是农业强国的基础和支撑，三农问题是关系到国计民生的根本性问题。农业的发展壮大不仅在于相关的扶持政策，更体现在相关法律的支持。农业经理人作为乡村振兴的中坚力量，在农业经营管理中，尤其在相关法律领域，扮演着非常重要的角色。这也将充分发挥法治在农业经营管理过程中固根本、稳预期、利长远的重要作用，进一步全面推进农业农村法治建设。如何能够有效、快速、合规地进行农业经营管理工作是农业经理人工作的重要内容，由此，也产生了大量以土地利用、环境保护、农产品安全、农民专业合作社管理等涉农方面为主要内容的法律问题，其中涉及《中华人民共和国民法典》《中华人民共和国农业法》《中华人民共和国农产品质量安全法》《中华人民共和国土地承包法》《中华人民共和国农民专业合作社法》等众多法律。面对纷繁复杂的法律条文，如何逻辑清晰地进行分类，根据农业经营管理所遇到的问题快速查阅法律条文，了解熟悉法律问题如何解决，这是本书编写的目的。同时，作为新型农业经营主体的管理者，如何避免农业经营管理中潜在的法律风险将是农业经理人的首要内容，减少农业经营管理过程中的各种风险，充分发挥农业相关生产要素的效率，需要充分地了解和掌握相关涉农法律知识，这也是本书编写的目的。

本书不仅适用于农业经理人，也适用于新型农业经营主体带头人，是一本适合高素质管理、培育、提升的职业培训教材。本书编写包括八个模块，四十二个项目，每个模块聚焦一部或多部法律，以问答的形式，最大程度解决该部法律中常见的法律问题和容易混淆的问题。问题的选取均源自教材编写团队进行的大量农业生产一线调研和与大量农业经理人进行的深度访谈，这使得本书更加具有现实的针对性和指导性。每个问题通过所遇到的问题、法律解答、法律依据分别阐述农业经营管理过程中所涉及的法律知识。法律解答较为全面地解读了相关法律问题如何处理，分析内容通俗易懂，法律依据提供了法条原文，清晰地为学习者提供了法律依据。

本书编写人员既有丰富的农业相关知识和法律知识储备，也有大量的农业一线调研经验。本书模块一由康芸宾编写，模块二由彭方颖编写，模块三和模块八由王靖编写，模块四、模块五和模块七由刘雯编写，模块六由赖丽民编写。教材最后由刘雯、王靖进行全书统稿。

本书受众面较广，既可以作为乡村人才和农民职业培训用书，也适用于高职、本科院校涉农专业学生，同时也可以用于基层农业经营管理岗位人员进行法律素养提升和法律知识学习。随着社会经济的发展，农业的市场化程度和产业化程度不断加深，涉及的市场主体越来越多，农业经营管理变得更为复杂，农业经营管理对于农业经理人的法律素养和法律知识要求不断提升。农业经理人不仅要做农业生产的管理者，更要做农业经营管理潜在法律风险的消除者，所以本书对于提升农业经理人法律素养，提高乡村干部法律素质，培养乡村振兴人才，都有着积极的实际意义。

编　者

2023 年 11 月

CONTENTS

模块一

《中华人民共和国民法典》相关法律知识

项目一　物权问题

1. 房屋没有登记可以取得所有权吗？取得房屋所有权的方式除了登记还有哪些？

【解答】

《中华人民共和国民法典》第二百零九条规定，不动产物权的设立、变更、转让和消灭在依法登记后才能发生效力。所谓不动产，是指依照其物理性质不能移动或者移动将严重损害其经济价值的物体，包括土地、房屋、林木等地上定着物。其中，房屋是最典型的不动产，因此房屋在转让时需要办理过户登记。如果未办理过户登记，就不能发生房屋所有权转移的效果。

当然，并不是任何情形下取得房屋所有权都需要办理登记。《中华人民共和国民法典》第二百二十九条至第二百三十一条规定，以下三种情况下不需要办理登记就能取得房屋所有权：

其一，有法院和仲裁机构的法律文书或政府的征收决定的，自法律文书或征收决定生效时，房屋所有权就发生了变动。例如，小张认为登记在小丽名下的某套房屋是自己的，随后起诉到法院，法院判决房屋归属小张所有，那么，从判决文书生效那一刻房屋所有权就发生变动。

其二，继承房屋。自继承开始时，即被继承人死亡时，取得房屋所有权。

其三，合法建造、拆除房屋。自建成时取得所有权，不需要去办理登记；而拆除房屋的，则自拆除行为完毕后房屋所有权消灭。如果在自家宅基地上合法建造楼房，依据《中华人民共和国民法典》第二百三十一条的规定，不用办理不动产登记，楼房建造完成时就取得楼房的所有权。

【法律依据】

《中华人民共和国民法典》第二百零九条规定：不动产物权的设立、变更、转让和消灭，经依法登记，发生效力；未经登记，不发生效力，但是法律另有规定的除外。依法属于国家所有的自然资源，所有权可以不登记。

《中华人民共和国民法典》第二百二十九条规定：因人民法院、仲裁机构的法律文书或者人民政府的征收决定等，导致物权设立、变更、转让或者消灭的，自法律文书或者征收决定等生效时发生效力。

《中华人民共和国民法典》第二百三十条规定：因继承取得物权的，自继承开始时发生效力。

《中华人民共和国民法典》第二百三十一条规定：因合法建造、拆除房屋等事实行为设立或者消灭物权的，自事实行为成就时发生效力。

2. 城里人可以去农村种地吗？

【解答】

为深化农村改革、放活土地经营权，国家提出了“三权分置”的农地改革政策，在原来土地所有权和土地承包经营权两权分置的基础上，增加第三种权利——经营权，以打消农民流转土地经营权的后顾之忧。根据《中华人民共和国民法典》第三百三十九条对土地经营权流转的规定，土地承包经营权人可以保留土地承包权，自主流转土地经营权给本集体组织或本集体组织以外的个人、合作社、公司等，流转方式包括出租、入股等。需要注意的是，虽然承包方可以自主流转土地经营权，但必须审查对方是否具备农业经营能力或资质。如果对方不具备农业经营能力或资质，不能向其流转土地经营权。

【法律依据】

《中华人民共和国民法典》第三百三十九条规定：土地承包经营权人可以自主决定依法采取出租、入股或者其他方式向他人流转土地经营权。

3. 村民能够要求查阅村集体的财务资料吗？

【解答】

依据相关法律规定，村民有权查阅、复制村集体的财务资料。村委会不应拒绝村民查阅本集体财产相关资料的要求，并且负有主动向本集体成员公布集体财产状况的义务。

村民委员会是村民自我管理、自我教育、自我服务的基层群众性自治组织，高度强调群众性。因此，《中华人民共和国民法典》第二百六十四条规定，村民委员会应当承担向本集体成员主动公布集体财产状况的义务；集体成员也享有查阅、复制相关资料的权利。村民委员会应当确保集体成员查阅、复制相关资料权利的实现，在符合条件的情况下不得拒绝。

【法律依据】

《中华人民共和国民法典》第二百六十四条规定：农村集体经济组织或者村民委员会、村民小组应当依照法律、行政法规以及章程、村规民约向本集体成员公布集体财产的状况。集体成员有权查阅、复制相关资料。

项目二　合同问题

1. 定金还是订金？

【解答】

“定金”和“订金”一字之差，含义却大相径庭。在购买机动车、不动产等高价值商品时，卖方多要求买方支付一部分款项以作“订货”之用。这部分款项是“定金”还是“订金”呢？

根据《中华人民共和国民法典》第五百八十六条的规定，“定金”是金钱担保，是指合同当事人于合同订立时或合同履行前，由一方向另一方交付的具有担保性质的资金。定金具有双重担保功能。根据《中华人民共和国民法典》第五百八十七条的规定，交付定金的一方不履行义务的，丧失定金；收受定金一方不履行义务的，双倍返还定金。而“订金”不具有担保性，支付订金通常是预付款或先期支付行为。因此，订金支付方不能依据定金罚则要求收取方双倍返还订金。

【法律依据】

《中华人民共和国民法典》第五百八十六条规定：当事人可以约定一方向对方给付定金作为债权的担保。定金合同自实际交付定金时成立。定金的数额由当事人约定；但是，不得超过主合同标的额的百分之二十，超过部分不产生定金的效力。实际交付的定金数额多于或者少于约定数额的，视为变更约定的定金数额。

《中华人民共和国民法典》第五百八十七条规定：债务人履行债务的，定金应当抵作价款或者收回。给付定金的一方不履行债务或者履行债务不符合约定，致使不能实现合同目的的，无权请求返还定金；收受定金的一方不履行债务或者履行债务不符合约定，致使不能实现合同目的的，应当双倍返还定金。

2. 修建房屋是否可以临时向邻居借道？

【解答】

修建房屋可以临时利用他人不动产。但是，所利用的不动产必须是相邻的土地或房屋，并且不能危及相邻不动产的安全，不得损害相邻不动产权利人的利益。

根据《中华人民共和国民法典》第二百八十八条的规定，相邻的土地、房屋等不动产的权利人应按照有利生产、方便生活、团结互助、公平合理的原则，正确处理相邻关系。与此同时，《中华人民共和国民法典》第二百九十二条规定，不动产权利人因修建施工、架设电线、埋设管道等，需要临时利用相邻不动产的，相邻土地权利人应当允许并提供必要的便利。此外，根据《中华人民共和国民法典》第二百九十五条、第二百九十六条的规定，不动产权利人利用相邻不动产时不得危及相邻不动产的安全，并应当尽量避免对相邻不动产权利人造成损失。

【法律依据】

《中华人民共和国民法典》第二百八十八条规定：不动产的相邻权利人应当按照有利生产、方便生活、团结互助、公平合理的原则，正确处理相邻关系。

《中华人民共和国民法典》第二百九十二条规定：不动产权利人因建造、修缮建筑物以及铺设电线、电缆、水管、暖气和燃气管线等必须利用相邻土地、建筑物的，该土地、建筑物的权利人应当提供必要的便利。

《中华人民共和国民法典》第二百九十五条规定：不动产权利人挖掘土地、建造建筑物、铺设管线以及安装设备等，不得危及相邻不动产的安全。

《中华人民共和国民法典》第二百九十六条规定：不动产权利人因用水、排水、通行、铺设管线等利用相邻不动产的，应当尽量避免对相邻的不动产权利人造成损害。

3. 子女借钱，约定由父母偿还可以吗？

【解答】

合同是平等主体之间设立、变更、终止权利义务关系的协议。依法成立的合同，原则上仅对合同当事人具有约束力，即合同约定的权利义务由合同当事人享有和承担，其他人不得主张合同权利，也无须承担合同义务。然而，社会生活纷繁复杂，

《中华人民共和国民法典》也没有完全禁止涉及他人的合同，如双方当事人可以约定合同的义务由第三人履行。当然，任何人只受其同意的义务约束，民事主体不能通过签订合同让合同之外的第三人承担责任。

【法律依据】

《中华人民共和国民法典》第四百六十五条规定：依法成立的合同，受法律保护。依法成立的合同，仅对当事人具有法律约束力，但是法律另有规定的除外。

《中华人民共和国民法典》第五百二十三条规定：当事人约定由第三人向债权人履行债务，第三人不履行债务或者履行债务不符合约定的，债务人应当向债权人承担违约责任。

4. 债务人的债务人是我的债务人吗？

【解答】

根据《中华人民共和国民法典》的规定，合同约定的权利义务仅限于合同当事人。如债务人向债权人借款，债权人只能向债务人主张债权，原则上不能要求第三人还钱。然而，为了更好地保护债权人，《中华人民共和国民法典》第五百三十五条规定了代位权制度。所谓代位权是指当债务人怠于行使其对第三人享有的权利，以至于影响到了债权人债权的实现时，债权人为了保全自己的债权，可以自己的名义代位行使债务人对第三人的权利。

具体而言，代位权的主张需满足如下条件：第一，债权人对债务人的债权以及债务人对第三人的债权合法到期，对于赌债等不法债权不能主张代位权。第二，债务人对第三人的债权不具有专属性，如果是专属于第三人的债权则不能主张代位权。通常来说，具有专属性的债权主要包括基于人身伤害产生的损害赔偿请求权；基于身份关系产生的债权以及基于劳动关系产生的债权，如赡养费给付请求权、劳动报酬、退休金、养老金等债权。第三，债务人怠于行使对第三人的债权影响了债权人债权的实现。这里的怠于行使债权是指债务人未以起诉或者申请仲裁的方式对第三人行使到期债权，同时，由于债务人的不作为影响到了债权人债权的清偿。

【法律依据】

《中华人民共和国民法典》第五百三十五条规定：因债务人怠于行使其债权或者与该债权有关的从权利，影响债权人的到期债权实现的，债权人可以向人民法院请求以自己的名义代位行使债务人对相对人的权利，但是该权利专属于债务人自身的除外。代位权的行使范围以债权人的到期债权为限。债权人行使代位权的必要费用，由债务人负担。相对人对债务人的抗辩，可以向债权人主张。

项目三　人格权问题

1. 个人信息被泄露怎么办？

【解答】

个人信息受到法律保护。依据《中华人民共和国民法典》第一千零三十四条的规定，只要能直接或间接识别特定个人的信息就是个人信息，包括自然人的姓名、出生日期、身份证件号码、生物识别信息、住址、电话号码、电子邮箱、健康信息、行踪信息等，这些信息都受法律保护。

个人信息的处理要遵循法律的规定。依据《中华人民共和国民法典》第一千零三十五条的规定，处理个人信息应当遵循合法、正当、必要原则，不得过度处理。具体规定如下：

收集、存储、使用、加工、传输、提供、公开等处理个人信息的行为必须征得他人的同意，但法律或行政法规另有规定的除外。如果自然人不是完全民事行为能力人的，还应当征得其监护人的同意。当然，如果是公安机关为了通缉犯罪嫌疑人等特殊情形，那么可以不经过同意就公布个人信息。

必须公开信息处理的规则。如互联网公司为精准推送采用大数据算法技术对个人信息进行处理的，应当公开。

明示处理信息的目的、方式和范围。

第四，不违反法律、行政法规的规定和双方的约定。

【法律依据】

《中华人民共和国民法典》第一百一十一条规定：自然人的个人信息受法律保护。任何组织或者个人需要获取他人个人信息的，应当依法取得并确保信息安全，不得非法收集、使用、加工、传输他人个人信息，不得非法买卖、提供或者公开他人个人信息。

《中华人民共和国民法典》第一千零三十四条规定：自然人的个人信息受法律保护。个人信息是以电子或者其他方式记录的能够单独或者与其他信息结合识别特定自然人的各种信息，包括自然人的姓名、出生日期、身份证件号码、生物识别信息、住址、电话号码、电子邮箱、健康信息、行踪信息等。个人信息中的私密信息，适用有关隐私权的规定；没有规定的，适用有关个人信息保护的规定。

《中华人民共和国民法典》第一千零三十五条规定：处理个人信息的，应当遵循合法、正当、必要原则，不得过度处理，并符合下列条件：

（一）征得该自然人或者其监护人同意，但是法律、行政法规另有规定的除外；

（二）公开处理信息的规则；

（三）明示处理信息的目的、方式和范围；

（四）不违反法律、行政法规的规定和双方的约定。

2. 新闻报道中可以使用他人肖像吗？

【解答】

自然人享有肖像权，未经肖像权人同意，任何组织和个人不得制作、使用、公开他人的肖像，但为了公共利益实施新闻报道、舆论监督行为的，可以不经过肖像权人同意。

根据《中华人民共和国民法典》的规定，如果是出于公共利益的新闻报道、舆论监督合理使用他人肖像的行为，无须经过肖像权人同意，因为这是为了不特定多数人的利益考量。

除此之外，《中华人民共和国民法典》第一千零二十条还规定了如下合理使用他人肖像的情形：

其一，为个人学习、艺术欣赏、课堂教学或者科学研究，在必要范围内使用肖像权人已经公开的肖像；

其二，为实施新闻报道，不可避免地制作、使用、公开肖像权人的肖像；

其三，为依法履行职责，国家机关在必要范围内制作、使用、公开肖像权人的肖像；

其四，为展示特定公共环境，不可避免地制作、使用、公开肖像权人的肖像；

其五，为维护公共利益或者肖像权人合法权益，制作、使用、公开肖像权人的肖像的其他行为。

当然，使用他人肖像、名字的，应当真实客观、全面准确，不能对他人的肖像进行丑化、歪曲、篡改，或利用信息技术手段进行伪造，如“P 图”、换脸等恶搞行为则侵犯了他人的肖像权。

【法律依据】

《中华人民共和国民法典》第九百九十九条规定：为公共利益实施新闻报道、舆论监督等行为的，可以合理使用民事主体的姓名、名称、肖像、个人信息等；使用不合理侵害民事主体人格权的，应当依法承担民事责任。

《中华人民共和国民法典》第一千零一十九条规定：任何组织或者个人不得以丑化、污损，或者利用信息技术手段伪造等方式侵害他人的肖像权。未经肖像权人同意，不得制作、使用、公开肖像权人的肖像，但是法律另有规定的除外。未经肖像权人同意，肖像作品权利人不得以发表、复制、发行、出租、展览等方式使用或者公开肖像权人的肖像。

《中华人民共和国民法典》第一千零二十条规定：合理实施下列行为的，可以不经肖像权人同意：

（一）为个人学习、艺术欣赏、课堂教学或者科学研究，在必要范围内使用肖像权人已经公开的肖像；

（二）为实施新闻报道，不可避免地制作、使用、公开肖像权人的肖像；

（三）为依法履行职责，国家机关在必要范围内制作、使用、公开肖像权人的肖像；

（四）为展示特定公共环境，不可避免地制作、使用、公开肖像权人的肖像；

（五）为维护公共利益或者肖像权人合法权益，制作、使用、公开肖像权人的肖像的其他行为。

3. 赔礼道歉的判决如何执行？

【解答】

自然人的人格权受法律保护，侵权人应当主动执行法院判决，承担民事责任。如果侵权人拒绝执行的，受害人可以申请法院强制执行。例如，对于损害赔偿的民事责任，法院可以通过划拨银行存款及拍卖、变卖侵权人的财产等方式予以强制执行。但是，对于消除影响、恢复名誉、赔礼道歉等类型的民事责任，因为涉及人身自由等因素法院无法强制执行。那么，面对“耍无赖”的侵权人，法律真的束手无策了吗？答案当然是否定的。

依据《中华人民共和国民法典》第一千条的规定，法院可以通过在报刊、网络等媒体上发布公告或者公布生效裁判文书等方式予以执行，产生的费用由侵权人负担。换言之，侵权人不主动消除影响、恢复名誉、赔礼道歉的，法院可以发布公告、公布生效裁判文书等方式替代完成，以达到侵权人赔礼道歉同样的效果。当然，在这个过程中产生的费用，如版面费、通讯费等，由侵权人承担。

【法律依据】

《中华人民共和国民法典》第一千条规定：行为人因侵害人格权承担消除影响、

恢复名誉、赔礼道歉等民事责任的，应当与行为的具体方式和造成的影响范围相当。行为人拒不承担前款规定的民事责任的，人民法院可以采取在报刊、网络等媒体上发布公告或者公布生效裁判文书等方式执行，产生的费用由行为人负担。

4. 声音受《中华人民共和国民法典》保护吗？

【解答】

声音和肖像一样，具有人身属性，在某些场合是识别个人身份的重要标志。随着社会经济的不断发展，特定人员的声音具有较大的商业价值，例如导航软件以林志玲、郭德纲等明星的声音进行语音播报，进而吸引用户。当声音具有财产属性表现出相应的经济价值时，模仿、伪造、利用他人声音的行为都可能给声音主体的人身权益、财产权益造成损害。依据《中华人民共和国民法典》第一千零二十三条的规定，对自然人声音的保护，参照适用肖像权保护的规定。换言之，自然人声音的保护有三个要点：

任何组织或者个人不得以丑化、污损，或者利用信息技术手段伪造等方式侵害他人的声音；

未经同意，不得制作、使用、公开他人的声音，但个人学习、课堂教学等《民法典》第一千零二十条规定的情形除外；

未经同意，声音作品权利人不得以发表、复制、发行、出租、展览等方式使用或者公开他人的声音。需要说明的是，模仿名人声音，通常认为是名人效应的大众化延伸，只要没有追求冒充、误导、混淆等非法目的及行为效果的不会被认定为侵权。

【法律依据】

《中华人民共和国民法典》第一千零二十三条规定：对姓名等的许可使用，参照适用肖像许可使用的有关规定。对自然人声音的保护，参照适用肖像权保护的有关规定。

《中华人民共和国民法典》第一千零一十九条规定：任何组织或者个人不得以丑化、污损，或者利用信息技术手段伪造等方式侵害他人的肖像权。未经肖像权人同意，不得制作、使用、公开肖像权人的肖像，但是法律另有规定的除外。未经肖像权人同意，肖像作品权利人不得以发表、复制、发行、出租、展览等方式使用或者公开肖像权人的肖像。

《中华人民共和国民法典》第一千零二十条规定：合理实施下列行为的，可以不经肖像权人同意：

（一）为个人学习、艺术欣赏、课堂教学或者科学研究，在必要范围内使用肖像权人已经公开的肖像；

（二）为实施新闻报道，不可避免地制作、使用、公开肖像权人的肖像；

（三）为依法履行职责，国家机关在必要范围内制作、使用、公开肖像权人的肖像；

（四）为展示特定公共环境，不可避免地制作、使用、公开肖像权人的肖像；

（五）为维护公共利益或者肖像权人合法权益，制作、使用、公开肖像权人的肖像的其他行为。

模块二

农业生产与发展问题

项目一　农业生产问题

1. 农业生产按照生产对象、投入多少、产品用途和生产力的性质和状况可以分为不同的种类，其中，按照生产对象具体如何分类?

【解答】

农业生产按照生产对象可以分为以下几类：

（1）种植业。种植业是农业农村经济的基础产业，包括各种农作物、林木、果树、药用和观赏等植物的种植；

（2）畜牧业。畜牧业是指用放牧、圈养或者二者结合的方式，饲养畜禽以取得动物产品或役畜的生产部门。包括牛、马、猪、羊、鸡、鸭等家畜、家禽的饲养业和鹿、麝、狐、貂等经济兽类的驯养业；

（3）林业。林业是我国国民经济重要组成部分之一，包括有营林和森林工业两大部门。其主要任务是有计划地绿化现有荒山、荒地，扩大森林资源等；

（4）渔业。渔业即水产业，是以利用水生生物资源为基础的产业，属于第一产业，除了鱼肉以外，鱼油等也是渔业相关工业的重要产品；

（5）副业。副业是指除主要农业以外的其他生产活动。如水利建设、手工艺品制作、旅游服务等。

【法律依据】

《中华人民共和国农业法》第十六条规定：国家引导和支持农民和农业生产经营组织结合本地实际按照市场需求，调整和优化农业生产结构，协调发展种植业、林业、畜牧业和渔业，发展优质、高产、高效益的农业，提高农产品国际竞争力。种植业以优化品种、提高质量、增加效益为中心，调整作物结构、品种结构和品质结构。加强林业生态建设，实施天然林保护、退耕还林和防沙治沙工程，加强防护林体系建设，加速营造速生丰产林、工业原料林和薪炭林。加强草原保护和建设，加快发展畜牧业，推广圈养和舍饲，改良畜禽品种，积极发展饲料工业和畜禽产品加工业。渔业生产应当保护和合理利用渔业资源，调整捕捞结构，积极发展水产养殖业、远洋渔业和水产品加工业。县级以上人民政府应当制定政策，安排资金，引导和支持农业结构调整。

2. 国家对养羊有什么新的政策？

【解答】

国家对农村养羊专业户提供农村养羊补贴，具体政策如下：

（1）良种补贴。如果养羊户引进了良种绵羊，每只就可以申请 50～500 元的良种补贴，这针对的是大规模养殖的养羊户，而小规模的养羊户是不能够领取良种补贴的；

（2）示范场养殖补贴。养羊户可以将大型的养羊场作为示范场，不过需要经过申请才可以，而且分为了省级和市级的养殖示范场，评级越高，获得的养羊补贴也越高；

（3）规模养羊补贴。一般国家对于养羊数量达到一定的规模才会给予补贴，对于养殖 300～499 只规模的补贴 15 万，500～699 只规模的补贴 25 万，1000 只以上规模的补贴 50 万，这样的补贴金额，能够激励养殖户的养殖积极性。

各地因为补贴政策不一样，会存在补贴数据上的差异，申请的时候要注意及时咨询当地政府的相关部门。

【法律依据】

《中华人民共和国农业法》第十八条规定：国家扶持动植物品种的选育、生产、更新和良种的推广使用，鼓励品种选育和生产、经营相结合，实施种子工程和畜禽良种工程。国务院和省、自治区、直辖市人民政府设立专项资金，用于扶持动植物良种的选育和推广工作。

3. 在农业生产中，农田水利基础设施包含哪些？

【解答】

所谓的农田水利基础设施是指通过水利工程技术措施，改变不利于农业生产发展的自然条件，为农业高产高效服务的各种具有公共职能的设施。

常见的农田水利设施有田间灌排工程、小型灌区、灌区抗旱水源工程、小型水库、塘坝、蓄水池、水窖、水井、涵洞、斗门、提水站、节制闸、进水闸、梯形渠道排涝，还有倒虹吸以及跌水、谷坊、输水管道、农桥小型土坝以及混凝土坝。对于这些公共设施每个公民都应该保护好，为了加强水利工程的管理和保护，保障水利工程安全运行，发挥水利工程的功能和效益，适应经济建设和社会发展的需要。

【法律依据】

《中华人民共和国农业法》第十九条规定：各级人民政府和农业生产经营组织应当加强农田水利设施建设，建立健全农田水利设施的管理制度，节约用水，发展节水型农业，严格依法控制非农业建设占用灌溉水源，禁止任何组织和个人非法占用或者毁损农田水利设施。国家对缺水地区发展节水型农业给予重点扶持。

《中华人民共和国农业技术推广法》十二条规定：根据科学合理、集中力量的原则以及县域农业特色、森林资源、水系和水利设施分布等情况，因地制宜设置县、乡镇或者区域国家农业技术推广机构。乡镇国家农业技术推广机构，可以实行县级人民政府农业技术推广部门管理为主或者乡镇人民政府管理为主、县级人民政府农业技术推广部门业务指导的体制，具体由省、自治区、直辖市人民政府确定。

项目二　农产品流通与加工问题

 1. 如何从法律角度区分粮食加工和粮食流通?

【解答】

首先，从粮食加工发展现状看。粮食加工面广、链长，涉及产地初加工、精深加工和副产物综合利用多环节，涉及家庭农场、专业合作社和加工企业等多主体，上连生产、下连消费，是小农户与大市场连接的关键，具有鲜明的自身特色和独有的功能作用，已脱离了流通产业范畴。

其次，从保障国家粮食安全要求看。粮食安全既需要足够的粮食生产能力、储备能力和流通能力，又离不开相应的加工能力和产业链掌控能力。粮食加工业越发达，粮食产业链条越完善，粮食安全基础就越牢固，抵御风险能力就越强。满足人民群众日常生活食品必需，主要靠粮食加工主体提供保障，在应急时更需要加工主体发挥保障作用。

再次，从深化粮食流通体制改革要求看。20 世纪 90 年代，我国在对粮食统购统销制度的逐步改革中，开始实行“三项政策、一项改革”，粮食加工企业加工的小麦、玉米和稻谷等只能从国有收储企业购买，不能直接向农民收购或到集贸市场购买。在此情况下，粮食加工和粮食收购、销售等是紧密联系且不可分割的。但随着全面放开粮食购销市场、完善粮食价格形成机制和粮食经营主体多元化等改革的深入推进，粮食加工和购销已然脱钩，将粮食加工作为粮食流通的做法与实际不符，存在明显的逻辑混乱问题，已经对继续深化改革构成一定阻碍。

最后，从部门管理职责看。根据国务院相关部门“三定”规定，粮食加工作为农产品加工业及工业的一部分，由农业农村部门、工业部门、粮食部门等按照各自职责依法管理。其中，农业农村部负责起草粮食加工业发展的法律法规草案，履行规划、指导、管理、服务等职能；国家粮食和物资储备局负责粮食流通、加工行业安全生产工作的监督管理，组织编制粮食流通、加工和物资储备基础设施建设规划。“三定”规定不仅在文字表述上，而且在部门职责划分上，将粮食加工、粮食流通作为相互并列的两个概念和彼此独立的两个环节，两者不存在包含与被包含的关系。

综上分析，粮食加工是指对原粮进行处理转化的活动，粮食流通是指粮食收购、销售、储存、运输、进出口等活动，两者可以分开，也应当分开。

【法律依据】

《中华人民共和国农业法》第二十八条规定：国家鼓励和支持发展多种形式的农产品流通活动。支持农民和农民专业合作经济组织按照国家有关规定从事农产品收购、批发、贮藏、运输、零售和中介活动。鼓励供销合作社和其他从事农产品购销的农业生产经营组织提供市场信息，开拓农产品流通渠道，为农产品销售服务。

《粮食流通管理条例》和《粮食加工业发展规划（2011—2020 年）》等明确规定：粮食加工是指以原粮为原料，通过加工处理转化为成品粮、半成品粮、食品、饲料及其他非食用产品的活动。农民专业合作社法、农业技术推广法、乡镇企业法等法律也都将粮食加工与生产、销售、运输等作为相互独立的对象予以规定。

《国家粮食安全中长期规划纲要（2008—2020 年）》规定：将粮食加工和粮食流通作为保障粮食安全的两大主要任务，提出要提高粮食生产能力、完善粮食流通体系、完善粮食储备体系和完善粮食加工体系。

《粮食加工业发展规划（2011—2020 年）》规定：要形成现代粮食加工体系，增强粮食加工供应和应急保障能力。

2. 鲜活农产品绿色通道有何政策？

【解答】

鲜活农产品绿色通道政策是在收费站设立专用通道口，对整车合法运输鲜活农产品车辆给予优惠政策，包括“不扣车、不卸载、不罚款”和减免通行费。

2010 年 12 月 1 日起，绿色通道扩大到全国所有收费公路，并且减免品种进一步增加，主要包括新鲜蔬菜、水果、鲜活水产品、活的畜禽以及新鲜的肉、蛋、奶等。

【法律依据】

《交通运输部、国家发展改革委、财政部关于进一步优化鲜活农产品运输“绿色通道”政策的通知》规定：各省、自治区、直辖市交通运输厅（局、委）、发展改革委、财政厅（局）：为贯彻《国务院办公厅关于印发深化收费公路制度改革取消高速公路省界收费站实施方案的通知》（国办发〔2019〕23 号），确保取消全国高速公路省界收费站顺利实施，实现不停车快捷收费，提高鲜活农产品运输车辆通行效率，减少拥堵，便利群众，现就优化鲜活农产品运输“绿色通道”政策有关事项通知如下：一、严格免收车辆通行费范围　整车合法装载运输全国统一的《鲜活农产品品种目录》内的产品的车辆，免收车辆通行费。

3. 农产品初加工增值税税收优惠政策是如何规定的？

【解答】

（1）从事农业生产的单位和个人销售的自产农产品，免征增值税；

（2）对于销售种子、化肥、农药、有机肥料、农用机械等农业生产资料免征增值税；

（3）从事部分鲜活肉产品、蛋产品销售的纳税人销售的部分鲜活肉产品、蛋产品免征增值税；

（4）流通环节从事蔬菜销售的纳税人销售的蔬菜免征增值税。

【法律依据】

《财政部、国家税务总局关于免征部分鲜活肉蛋产品流通环节增值税政策的通知》规定：一、自 2012 年 10 月 1 日起，对从事农产品批发、零售的纳税人销售的部分鲜活肉蛋产品免征增值税。免征增值税的鲜活肉产品，是指猪、牛、羊、鸡、鸭、鹅及其整块或者分割的鲜肉、冷藏或者冷冻肉，内脏、头、尾、骨、蹄、翅、爪等组织。免征增值税的鲜活蛋产品，是指鸡蛋、鸭蛋、鹅蛋，包括鲜蛋、冷藏蛋以及对其进行破壳分离的蛋液、蛋黄和蛋壳。上述产品中不包括《中华人民共和国野生动物保护法》所规定的国家珍贵、濒危野生动物及其鲜活肉类、蛋类产品。二、从事农产品批发、零售的纳税人既销售本通知第一条规定的部分鲜活肉蛋产品又销售其他增值税应税货物的，应分别核算上述鲜活肉蛋产品和其他增值税应税货物的销售额；未分别核算的，不得享受部分鲜活肉蛋产品增值税免税政策。三、《中华人民共和国增值税暂行条例》第八条所列准予从销项税额中扣除的进项税额的第（三）项所称的“销售发票”，是指小规模纳税人销售农产品依照3%征收率按简易办法计算缴纳增值税而自行开具或委托税务机关代开的普通发票。批发、零售纳税人享受免税政策后开具的普通发票不得作为计算抵扣进项税额的凭证。

《中华人民共和国企业所得税法实施条例》第八十六条规定：企业所得税法第二十七条第（一）项规定的企业从事农、林、牧、渔业项目的所得，可以免征、减征企业所得税，是指：（一）企业从事下列项目的所得，免征企业所得税：1. 蔬菜、谷物、薯类、油料、豆类、棉花、麻类、糖料、水果、坚果的种植；2. 农作物新品种的选育；3. 中药材的种植；4. 林木的培育和种植；5. 牲畜、家禽的饲养；6. 林产品的采集；7. 灌溉、农产品初加工、兽医、农技推广、农机作业和维修等农、林、牧、渔服务业项目；8. 远洋捕捞。（二）企业从事下列项目的所得，减半征收企业所得税：1. 花卉、茶以及其他饮料作物和香料作物的种植；2. 海水养殖、内陆养殖。

项目三　粮食安全问题

1. 保障我国粮食安全的措施有哪些？

【解答】

（1）落实“藏粮于地”，加大耕地保护和农田建设力度。落实最严格的耕地保护制度，强化“长牙齿”的硬措施，严守十八亿亩耕地红线。持续抓好高标准农田建设，加快发展高效节水灌溉，挖掘潜力新增耕地。

（2）坚持“藏粮于技”，强化现代种业等科技支撑。大力实施种业振兴行动，实现种业科技自立自强和种源自主可控。提升农机装备研发和应用水平，健全农作物病虫害等防治体系，加大绿色仓储、高效物流、粮油加工等技术研发力度，不断为粮食安全注入新动能。

（3）优化生产布局，增强粮食综合生产能力。健全保障国家粮食安全的法律法规，全面落实粮食安全党政同责，严格耕地保护和粮食安全责任制考核，主产区、主销区和产销平衡区饭碗一起端、责任一起扛。加强粮食生产功能区建设，多措并举促进稳产增产，将粮食年产量保持在1.3万亿斤以上。落实大食物观，全方位多途径开发食物资源。

（4）加强收储调控，在更高水平上实现粮食供需动态平衡。强化粮食产购储加销协同保障，完善监测预警体系，加强精准调控，保持粮食市场运行总体平稳。健全粮食储备体系，保持合理储备规模，优化结构布局。创新强化监管和执法，从严惩治涉粮腐败，深化体制机制改革，坚决守住管好“天下粮仓”。

（5）开展节粮减损，促进粮食节约和营养健康。加强全链条管控，大力推广智能收获机械、绿色仓储技术、适度加工工艺，最大限度地减少损失浪费。举办世界粮食日和全国粮食安全宣传周等主题活动，倡导简约适度、绿色低碳的生活方式，营造爱粮节粮、健康消费的新风尚。

【法律依据】

《中华人民共和国农业法》第三十一条规定：国家采取措施保护和提高粮食综合生产能力，稳步提高粮食生产水平，保障粮食安全。

国家建立耕地保护制度，对基本农田依法实行特殊保护。

《中华人民共和国农业法》第三十二条规定：国家在政策、资金、技术等方面对粮食主产区给予重点扶持，建设稳定的商品粮生产基地，改善粮食收贮及加工设施，提高粮食主产区的粮食生产、加工水平和经济效益。国家支持粮食主产区与主销区建立稳定的购销合作关系。

《中华人民共和国农业法》第三十三条规定：在粮食的市场价格过低时，国务院可以决定对部分粮食品种实行保护价制度。保护价应当根据有利于保护农民利益、稳定粮食生产的原则确定。农民按保护价制度出售粮食，国家委托的收购单位不得拒收。县级以上人民政府应当组织财政、金融等部门以及国家委托的收购单位及时筹足粮食收购资金，任何部门、单位或者个人不得截留或者挪用。

2. 新时代我国粮食安全观的新内涵与新特点是什么？

【解答】

（1）新时代粮食安全观的新内涵：

目前，国际上通用的“粮食安全”的概念，是1996年世界粮食峰会（World Food Summit）上提出的，指“在任何时候，所有人都能买得起并能够买得到足够的、安全和营养的粮食，以满足人们日常饮食需要和需求偏好（dietary needs and food preferences），保证人们积极和健康地生活”。这一概念中包含了五个特性：即供给角度的可供性（availablity）、收入角度的支付性（affordbility）、需求角度的获得性（accessbility）、消费角度的营养性（utilization）和全过程的稳定性（stability），简单而言，即有得卖、买得起、买得到、吃得好、稳得住。2013 年底召开的中央农村工作会议明确要求实施“以我为主、立足国内、确保产能、适度进口、科技支撑”的国家粮食安全战略，明确提出确保“谷物基本自给、口粮绝对安全”的国家粮食安全目标，并强调“中国人的饭碗一定要端在自己手里”。

（2）新时代我国粮食安全观的新内涵：

一是在全面建成小康社会的决胜阶段，“营养性”逐步成为粮食安全的核心，强调健康营养、种类多样，由原先的“吃得饱”转变为“吃得好”，吃出健康、吃出长寿。

二是粮食的“可供性”成为仅次于营养性的第二个重要内容。但受资源禀赋的限制，我国需要以 9% 的全球耕地、6% 的淡水资源，养活近 20% 的人口，这决定了新时期我国粮食安全必须充分利用国际市场和国际资源。

三是在我国经济与城乡居民收入增长较快的背景下，“买得起”“买得到”也不再是消费者担心的问题。在政府和市场的共同作用下，粮食安全的“稳定性”和可持续性能够得到很好保障。

综上所述，新时代我国粮食安全观的新内涵可概括为：以提供健康营养、种类丰富、可口美味的粮食及产品为宗旨，以国内外两种资源和两个市场为手段，以增加城乡居民收入为根本，以政府政策为保障，活跃粮食市场流通和贸易，保证每个家庭和个人随时随地都能够购买到满意的粮食及产品，满足人民日益增长的美好生活需要。

（3）新时代我国粮食安全观的新特点：

第一，由重点关注数量安全转变为数量安全和质量安全同时兼顾。在满足人们温饱问题的阶段，数量安全是根本，但是在全面建成小康社会背景下，营养健康、美味可口的高质量粮食品种和多样化的食品需求，日益成为广大消费者的重要选择。

第二，由土地和水资源双重约束转变为土地、水和劳动力资源等多重约束。改革开放以来，特别是 2001 年我国加入 WTO 后，随着我国工业化、城市化和国际化的推进，各行各业都实现了较快增长，拉动了要素价格的不断提高，土地和水资源价格持续提高，劳动力成本也快速上升。低廉的劳动力成本曾是我国比较优势的重要来源，但近年来劳动力成本也因快速的经济增长而不断提升，多种要素价格的不断上涨推动着我国的粮食生产进入高投入、高成本和高价格时代。

第三，由粮食安全转变为多样化的食品安全。随着我国人口增长速度的放缓和老龄化程度持续加深，以及口粮在人们日常饮食结构中的比重不断下降，粮食（口粮）

安全不再像过去一样突出，相反地，人们对肉类、蔬菜、水果等产品的需求不断增加，因而保证多样化的食品供给逐步成为粮食安全的新内容。粮食安全也由口粮安全逐步转变为口粮安全和饲料粮安全兼顾。新时代我国粮食安全也面临一定的挑战。从生产角度来看，面临着粮食生产成本的日益上升；从需求角度来看，面临着需求的升级；从国际市场来看，我国多数农产品（包括水稻、小麦、玉米等）都面临着进口的压力；从政策措施来看，我国部分农产品的“黄箱”支持措施（即具有市场扭曲性作用的补贴，比如最低收购价，WTO 要求消减的政策）逐步接近或超过“微量允许”标准，而另一些种类的农产品补贴又受到有关贸易伙伴国的质疑和挑战。

【法律依据】

《中华人民共和国粮食安全保障法》第二条规定：国家粮食安全工作坚持中国共产党的领导，贯彻总体国家安全观，统筹发展和安全，实施以我为主、立足国内、确保产能、适度进口、科技支撑的国家粮食安全战略，坚持藏粮于地、藏粮于技，提高粮食生产、储备、流通、加工能力，确保谷物基本自给、口粮绝对安全。

《中华人民共和国粮食安全保障法》第六条规定：国家建立健全粮食安全保障投入机制，采取财政、金融等支持政策加强粮食安全保障，完善粮食生产、收购、储存、运输、加工、销售协同保障机制，建设国家粮食安全产业带，调动粮食生产者和地方人民政府保护耕地、种粮、做好粮食安全保障工作的积极性，全面推进乡村振兴，促进粮食产业高质量发展，增强国家粮食安全保障能力。

《中华人民共和国粮食安全保障法》第十八条规定：国家推进种业振兴，维护种业安全，推动种业高质量发展。国家加强粮食作物种质资源保护开发利用，建设国家农业种质资源库，健全国家良种繁育体系，推进粮食作物种质资源保护与管理信息化建设，提升供种保障能力。国家加强植物新品种权保护，支持育种基础性、前沿性研究和应用技术研究，鼓励粮食作物种子科技创新和产业化应用，支持开展育种联合攻关，培育具有自主知识产权的优良品种。

3. 国家粮食储备库粮仓标准是什么？

【解答】

（1）收纳库：总仓容量按服务半径内的粮食产量与拟定的收购量确定。东北粮食主产区新建收纳库总仓容量不宜低于 2.5 万吨；华北及南方粮食主产区新建收纳库总仓容量不宜低于 1 万吨。

（2）中转库：港口中转库按不大于年中转量的 10% 确定，内陆中转库按不大于年中转量的 25% 确定。

（3）储备库：应按辖区内核定的中央储备量或地方储备量确定；国家储备库宜按二类及以上粮库建设。

（4）综合库：同时具备上述两种或三种功能，总仓容量按不同功能的仓容量综合确定；综合库宜按二类及以上粮库标准建设。

【法律依据】

《粮食流通管理条例》第六条规定：国务院发展改革部门及国家粮食和储备行政管理部门负责全国粮食的总量平衡、宏观调控和重要粮食品种的结构调整以及粮食流通的中长期规划。国家粮食和储备行政管理部门负责粮食流通的行政管理、行业指导，监督有关粮食流通的法律、法规、政策及各项规章制度的执行。国务院市场监督管理、卫生健康等部门在各自的职责范围内负责与粮食流通有关的工作。

项目四　农业投入与支持保护问题

1. 多少亩地能成立合作社?

【解答】

专业合作社没有经营规模上的限制，一般成立合作社必须有 5 名或者是 5 名以上的成员；合作社成员的身份是农村户口或者是城市下岗待业的身份；合作社成员必须是出于自己的意愿。申请建立一个合作社，需要的资金是 5000 元以上。

【法律依据】

《中华人民共和国农业法》第四十四条第一款规定：国家鼓励供销合作社、农村集体经济组织、农民专业合作经济组织、其他组织和个人发展多种形式的农业生产产前、产中、产后的社会化服务产品事业。县级以上人民政府及其各有关部门应当采取措施对农业社会化服务事业给予支持。

2. 农村征地补偿多少钱一亩?

【解答】

农村土地征地一亩价格普遍为 500 ~ 2000 元，相对偏远的地方每亩 500 ~ 800 元每年，地理位置好的地方每亩 1000 ~ 2000 元每年。靠近城市或国道征收的农村土地每亩每年 30 000 ~ 40 000 元不等；租用没有附着物、没有农作物的土地每在 500 ~ 1500 元每年；林地价格在 50 ~ 2000 元。

【法律依据】

《中华人民共和国宪法（2018 年修正文本）》第十条规定：城市的土地属于国家所有。农村和城市郊区的土地，除由法律规定属于国家所有的以外，属于集体所有；宅基地和自留地、自留山，也属于集体所有。国家为了公共利益的需要，可以依照法律规定对土地实行征收或者征用并给予补偿。任何组织或者个人不得侵占、买卖或者以其他形式非法转让土地。土地的使用权可以依照法律的规定转让。一切使用土地的组织和个人必须合理地利用土地。

项目五　农业科技与农业教育问题

1. 国家扶持的农业项目大致有哪些？具体是如何规定的？

【解答】

国家扶持的农业项目有很多，如生态循环农业、农产品加工业、农用机械和农用物资、有机农业、休闲观光创意农业、农业服务业等。

国家扶持农业发展的相关要求规定：

（1）要保持扶持农业优势特色产业规划的严肃性，对于规划确定的优势特色产业进行集中扶持、连续扶持，着力打造区域优势主导产业，形成规模优势、品牌优势、区域优势。

（2）坚持把“做大做强优势特色产业”作为扶持重点，坚持实施农业综合开发，扶持农业优势特色产业规划，加快培育新型农业经营主体，着力打造农业优势特色产业集群；

（3）积极发展适度规模经营，推动农村一二三产业融合发展，为优化产品产业结构、推进农业提质增效、促进农民持续增收发挥重要作用。

扶持的重点如：农业产业化联合体项目、农业产业强镇项目、农村一二三产业融合发展先导区项目、农产品初加工项目、现代农业产业园项目、数字农业建设试点项目、农村产业融合发展示范园项目等。国家引导和支持农民和农业生产经营组织结合本地实际，按照市场需求，调整和优化农业生产结构，协调发展种植业、林业、畜牧业和渔业，发展优质、高产、高效益的农业，提高农产品国际竞争力。种植业以优化品种、提高质量、增加效益为中心，调整作物结构、品种结构和品质结构。加强林业生态建设，实施天然林保护、退耕还林和防沙治沙工程，加强防护林体系建设，加速营造速生丰产林、工业原料林和薪炭林。

加强草原保护和建设，加快发展畜牧业，推广圈养和舍饲，改良畜禽品种，积极发展饲料工业和畜禽产品加工业。渔业生产应当保护和合理利用渔业资源，调整捕捞结构，积极发展水产养殖业、远洋渔业和水产品加工业。县级以上人民政府应当制定政策，安排资金，引导和支持农业结构调整。

【法律依据】

《中华人民共和国农业法》第五十条规定：国家扶持农业技术推广事业，建立政府扶持和市场引导相结合，有偿与无偿服务相结合，国家农业技术推广机构和社会力量相结合的农业技术推广体系，促使先进的农业技术尽快应用于农业生产。

2. 国家逐步健全了农业科研的哪些制度？

【解答】

近年来，国家逐步加强对生物育种、动物试验、农（兽）药创制、生物饲料或产品研发、农产品加工技术研究、人工智能与智慧农业技术应用等相关科研活动的伦理审查和过程监督，完善相关管理制度，保护信息数据安全与隐私。从事农业科研活动的各类科研院所、高校、企业、社会组织等，承担农业科研诚信建设的主体责任，其主要负责人承担领导责任。有关单位要将农业科研诚信建设纳入单位章程，建立健全各类符合农业科技规律、产业规律和人才成长规律的农业科研活动规章制度。农业科技人员要把诚信作为科技工作的生命线，自觉维护良好的农业科研作风和学风。各级农业科教管理单位要强化监督指导，充分利用大数据管理，形成诚信建设工作合力。

【法律依据】

《中华人民共和国农业法》第五十二条规定：农业科研单位、有关学校、农民专业合作社、涉农企业、群众性科技组织及有关科技人员，根据农民和农业生产经营组织的需要，可以提供无偿服务，也可以通过技术转让、技术服务、技术承包、技术咨询和技术入股等形式，提供有偿服务，取得合法收益。农业科研单位、有关学校、农民专业合作社、涉农企业、群众性科技组织及有关科技人员应当提高服务水平，保证服务质量。对农业科研单位、有关学校、农业技术推广机构举办的为农业服务的企业，国家在税收、信贷等方面给予优惠。国家鼓励和支持农民、供销合作社、其他企业事业单位等参与农业技术推广工作。

3. 农业技术推广的保障措施有哪些？

【解答】

（1）国家逐步提高对农业技术推广的投入；

（2）各级人民政府应当采取措施，保障和改善从事农业技术推广工作的专业科技人员的工作条件和生活条件，改善他们的待遇，依照国家规定给予补贴，保持农业技术推广机构和专业科技人员的稳定。对在乡、村从事农业技术推广工作的专业科技人员的职称评定应当以考核其推广工作的业务技术水平和实绩为主；

（3）乡、村集体经济组织从其举办的企业的以工补农、建农的资金中提取一定数额，用于本乡、本村农业技术推广的投入；

（4）农业技术推广机构、农业科研单位和有关学校根据农村经济发展的需要，可以开展技术指导与物资供应相结合等多种形式的经营服务；

（5）对农业技术推广机构、农业科研单位和有关学校举办的为农业服务的企业，国家在税收、信贷等方面给予优惠；

（6）农业技术推广行政部门和县以上农业技术推广机构，应当有计划地对农业技术推广人员进行技术培训，组织专业进修，使其不断更新知识、提高业务水平；

（7）地方各级人民政府应当采取措施，保障农业技术推广机构获得必需的试验基地和生产资料。应当保障农业技术推广机构的试验基地、生产资料和其他财产不受侵占。

【法律依据】

《中华人民共和国农业法》第五十六条规定：国家采取措施鼓励农民采用先进的农业技术，支持农民举办各种科技组织，开展农业实用技术培训、农民绿色证书培训和其他就业培训，提高农民的文化技术素质。

项目六　农业资源与农业环境保护问题

1.《中华人民共和国环保法（2014年修订）》关于农业环境保护的规定是什么？

【解答】

（1）县级、乡级人民政府应当提高农村环境保护公共服务水平，推动农村环境综合整治；

（2）各级人民政府应当加强对农业环境的保护，促进农业环境保护新技术的使用，加强对农业污染源的监测预警，统筹有关部门采取措施，防治土壤污染和土地沙化等情形。

【法律依据】

《中华人民共和国环境保护法》第三十三条规定：各级人民政府应当加强对农业环境的保护，促进农业环境保护新技术的使用，加强对农业污染源的监测预警，统筹有关部门采取措施，防治土壤污染和土地沙化、盐渍化、贫瘠化、石漠化、地面沉降以及防治植被破坏、水土流失、水体富营养化、水源枯竭、种源灭绝等生态失调现象，推广植物病虫害的综合防治。县级、乡级人民政府应当提高农村环境保护公共服务水平，推动农村环境综合整治。

2. 农村环境污染的来源有哪些？

【解答】

农村环境污染物的主要来源有以下四个方面：

（1）人畜粪便、污水等。这些污染物内含大量病原体，包括细菌、病毒、寄生虫卵等，是传播疾病的主要来源。

（2）居室内燃煤不充分。这会导致室内大量二氧化碳、芳烃、一氧化碳、氟化物等聚集，形成室内空气污染，引发呼吸系统疾病。

（3）农药、化肥的不科学施用。不科学地施用农药以及防护措施不严格，可使有机氟、有机磷、有机氯、氨基甲酸醋、拟除虫菊酯类农药等有效成分，通过皮肤、口鼻黏膜等直接进入人体，造成毒害；对土壤和水体也会造成直接的污染。滥施化肥会导致养分流失，引起水体污染，严重破坏水体功能，严重的情况下，会导致鱼虾死亡、水体黑臭，使土壤和水体的自净功能丧失。

（4）农村地区工业污染。如土法炼汞、炼金、炼硫磺、造纸、印染、电镀、制造磷肥、制造水泥等，都会产生许多有毒的废弃物，其中往往含有汞、二氧化碳、有机物、氰化物、氟化物、粉尘等有毒有害成分，污染水、空气、食物，危害人的健康。

【法律依据】

《中华人民共和国环境保护法》第五十九条规定：企业事业单位和其他生产经营者违法排放污染物，受到罚款处罚，被责令改正，拒不改正的，依法作出处罚决定的行政机关可以自责令改正之日的次日起，按照原处罚数额按日连续处罚。

《中华人民共和国环境保护法》第六十条规定：企业事业单位和其他生产经营者超过污染物排放标准或者超过重点污染物排放总量控制指标排放污染物的，县级以上人民政府环境保护主管部门可以责令其采取限制生产、停产整治等措施；情节严重的，报经有批准权的人民政府批准，责令停业、关闭。

3. 养殖地腾退补偿是如何规定的？

【解答】

（1）畜禽清退补偿：

畜禽补偿标准参照北京市防治重大动物疫病指挥部办公室公布的《2017 年 5 月至 2018 年 4 月猪、牛、羊、禽等动物强制扑杀补偿基准指导价格表》指导价格的 30% 给予补偿；

（2）地上物腾退补偿补助：

由专业评估公司对禁养区内规模化畜禽养殖场地上物面积、房屋、相关设施等进行评估，被腾退养殖场在规定期限内完成所有地上物的拆除、搬迁腾退工作，根据评估情况给予补偿补助。

【法律依据】

《中华人民共和国农业法》第六十一条规定：有关地方人民政府，应当加强草原的保护、建设和管理，指导、组织农（牧）民和农（牧）业生产经营组织建设人工草场、饲草饲料基地和改良天然草原，实行以草定畜，控制载畜量，推行划区轮牧、休牧和禁牧制度，保护草原植被，防止草原退化沙化和盐渍化。

模块三

农产品质量安全问题

项目一　农产品质量安全标准问题

1. 农产品质量安全标准是强制执行的标准吗？包括哪些要求？

【解答】

农产品质量安全标准是指有关法律、行政法规的规定制定和发布的农产品质量安全强制性技术规范。农产品质量要求达到农产品质量安全标准，符合保障人的健康和安全要求。具体指来源于农业的初级产品的可靠性、使用性和内在价值，包括在生产、贮存、流通、使用过程中形成、残存的营养、危害及外在特征因子，既有对等级、规格、品质等特性要求，也有对人、环境的危害等级水平的要求。

【法律依据】

《中华人民共和国农产品质量安全法》第十六条规定：国家建立健全农产品质量安全标准体系，确保严格实施。农产品质量安全标准是强制执行的标准，包括以下与农产品质量安全有关的要求：

（一）农业投入品质量要求、使用范围、用法、用量、安全间隔期和休药期规定；

（二）农产品产地环境、生产过程管控、储存、运输要求；

（三）农产品关键成分指标等要求；

（四）与屠宰畜禽有关的检验规程；

（五）其他与农产品质量安全有关的强制性要求。

《中华人民共和国食品安全法》对食用农产品的有关质量安全标准作出规定的，依照其规定执行。

2. 农产品质量安全标准由哪个部门推进实施呢?

【解答】

一般而言，农业国家标准是在国家市场监督管理总局管理下，由国家标准化管理委员会履行行政职能，对需要在全国范围内统一的技术要求制定农业国家标准。

按照《兽药管理条例》和《农业转基因生物安全管理条例》，兽药产品质量、兽药残留和检测方法、农业转基因检测技术规范等国家标准的制定由农业农村行政主管部门负责。农业行业标准由农业农村行政主管部门统一管理，负责农业行业标准的计划、立项、制定、审定、编号、发布、备案与复审工作。农业地方标准则是由省、自治区、直辖市标准化行政主管部门统一编制计划、组织、制定、审批、编号和发布。

【法律依据】

《中华人民共和国农产品质量安全法》第十九条规定：农产品质量安全标准由农业农村主管部门有关部门推进实施。

《中华人民共和国农产品质量安全法》第五条规定：国务院农业农村主管部门、市场监督管理部门依照本法和规定的职责，对农产品质量安全实施监督管理。国务院其他有关部门依照本法和规定的职责承担农产品质量安全的有关工作。

3. 如果发现了农产品质量安全风险应该怎么处理呢?

【解答】

国务院农业农村主管部门针对重点农产品品种进行了质量安全的风险监测，各下属单位依据风险监测计划再结合行政区域内的农产品经营实际情况进行农产品质量安全风险的监测实施方案。如果是县级以上的相关部门获知了农产品质量安全风险的信息，需要向县级及以上对应的同级农业农村主管部门通报，再进行监测计划的研究分析和及时调整。

【法律依据】

《中华人民共和国农产品质量安全法》第十三条规定：国务院农业农村主管部门应当制定国家农产品质量安全风险监测计划，并对重点区域、重点农产品品种进行质量安全风险监测。省、自治区、直辖市人民政府农业农村主管部门应当根据国家农产品质量安全风险监测计划，结合本行政区域农产品生产经营实际，制定本行政区域的农产品质量安全风险监测实施方案，并报国务院农业农村主管部门备案。县级以上地方人民政府农业农村主管部门负责组织实施本行政区域的农产品质量安全风险监测。

县级以上人民政府市场监督管理部门和其他有关部门获知有关农产品质量安全风险信息后，应当立即核实并向同级农业农村主管部门通报。接到通报的农业农村主管部门应当及时上报。制定农产品质量安全风险监测计划、实施方案的部门应当及时研究分析，必要时进行调整。

项目二　农产品产地问题

1. 如何防止农产品产地污染？

【解答】

农产品产地污染包括大气污染、水体污染、土壤污染和放射性物质污染等，由于产地环境污染导致农产品污染对人体造成伤害。防止农产品的产地污染需要在农业生产过程中发力，例如规范农药、农膜的使用，综合应用农艺措施、生物农药和高效低毒化学农药等农业防治、生物防治、物理防治和化学调控技术措施。

购买农药时看清标签，根据防治对象选择合适的药剂，禁止使用高毒、高残留农药，使用高效低毒、低残留农药；存放时远离食品、种子和饲料，防止农药变质；配用时不随意混配和加量，配用农药做好防护，远离牲畜栏和水源地，在清晨或傍晚喷药为宜，避免强风喷洒；适期、适法、交替科学施用农药，严格遵守安全间隔；喷雾器应及时清洗干净，清洗喷雾器时远离饮用水源地，确保残液不离田。

【法律依据】

《中华人民共和国农产品质量安全法》第二十二条规定：任何单位和个人不得违反有关环境保护法律、法规的规定向农产品产地排放或者倾倒废水、废气、固体废物或者其他有毒有害物质。农业生产用水和用作肥料的固体废物，应当符合法律、法规和国家有关强制性标准的要求。

《中华人民共和国农产品质量安全法》第二十三条规定：农产品生产者应当科学合理使用农药、兽药、肥料、农用薄膜等农业投入品，防止对农产品产地造成污染。农药、肥料、农用薄膜等农业投入品的生产者、经营者、使用者应当按照国家有关规定回收并妥善处置包装物和废弃物。

2. 什么是特定农产品禁止生产区域？

【解答】

特定农产品禁止生产区域是指在此区域内禁止生产特定种类农产品，“特定”二字说明禁止生产区域并不是禁止所有农产品生产。而是需要相关部门按照农产品质量安全的相关要求，对农产品的特性进行调查评估过后同级政府批准后实施。

特定农产品禁止生产区域制度，是指由于人为或者自然的原因，致使特定农产品产地有毒有害物质等超过产地安全相关标准。如果在这些区域种植某特定种类的农产品，就有可能导致所生产的农产品中有毒有害物质超过国家规定的安全限量标准。

【法律依据】

《中华人民共和国农产品质量安全法》第二十一条规定：县级以上地方人民政府农业农村主管部门应当会同同级生态环境、自然资源等部门按照保障农产品质量安全的要求，根据农产品品种特性和产地安全调查、监测、评价结果，依照土壤污染防治等法律、法规的规定提出划定特定农产品禁止生产区域的建议，报本级人民政府批准后实施。任何单位和个人不得在特定农产品禁止生产区域种植、养殖、捕捞、采集特定农产品和建立特定农产品生产基地。特定农产品禁止生产区域划定和管理的具体办法由国务院农业农村主管部门商国务院生态环境、自然资源等部门制定。

3. 农产品基地的建设要求有哪些？应该如何进行农产品基地建设？

【解答】

在建设农产品生产基地时要注意：要根据市场的现实需求和潜在需求来选择生产项目，发展优质、安全、生态、方便、营养的农产品。要发挥本地的资源、经济、市场和技术优势，依托优势农产品的专业化生产区域，逐步形成农产品生产和加工产业带，实现农产品加工与原料基地的有机结合。

实行适度规模经营，通过核心示范区建设，引导向优势产区集中，实现小生产大规模。建设优质农产品基地，既要有龙头骨干企业，又要有有市场、有特色、有潜力的合作社等农民经济组织来带动，积极引种、试种（养）和推广国内外的高效农业产品，促进农产品品种的改良和更新换代。推行标准化生产和产品质量认证，组织实施生产技术规程，实行标准化生产，培育具有地方特色的名牌农产品，提高基地产品的市场知名度和市场竞争力，坚持高标准、严要求，积极采取保护生态环境的措施，发展可持续农业。

【法律依据】

《中华人民共和国农产品质量安全法》第二十条规定：国家建立健全农产品产地监测制度。县级以上地方人民政府农业农村主管部门应当会同同级生态环境、自然资源等部门制定农产品产地监测计划，加强农产品产地安全调查、监测和评价工作。

《中华人民共和国农产品质量安全法》第二十四条规定：县级以上人民政府应当采取措施，加强农产品基地建设，推进农业标准化示范建设，改善农产品的生产条件。

项目三　农产品生产问题

1. 农产品生产记录应该包含哪些事项?

【解答】

农产品生产记录是农产品生产企业和农民专业合作经济组织在生产过程中如实记录农业投入品使用、植物病虫草害发生防治及收获情况等信息。

生产记录主体是农产品生产企业和农民专业合作经济组织，生产者是记录人，生产记录应如实反映农事操作的真实情况，记录人也应对生产记录的真实性、完整性承担责任。生产者要科学合理使用农业投入品，严格执行农药使用安全间隔期的规定，尤其是鲜食农产品。

【法律依据】

《中华人民共和国农产品质量安全法》第二十七条规定：农产品生产企业、农民专业合作社、农业社会化服务组织应当建立农产品生产记录，如实记载下列事项：

（一）使用农业投入品的名称、来源、用法、用量和使用、停用的日期；

（二）动物疫病、农作物病虫害的发生和防治情况；

（三）收获、屠宰或者捕捞的日期。

农产品生产记录应当至少保存二年。禁止伪造、变造农产品生产记录。

2. 农产品生产过程中应该如何正确使用农业投入品?

【解答】

农业投入品是在农产品生产过程中使用或添加的物质，包括肥料、农药、兽药、饲料及饲料添加剂等农用生产资料。

农业投入品是农业生产必不可少的物质，是关系农产品安全问题的重要因素，依法严格规范农业投入品的使用管理，对于从源头上保证农产品质量安全具有重要意义。例如在使用农药时需要核实农药标签标注的使用范围，登录“中国农药信息网”查询登记信息，确认农药的使用范围，防止出现超范围使用等违反质量安全法规定的行为。

【法律依据】

《中华人民共和国农产品质量安全法》第二十九条规定：农产品生产经营者应当依照有关法律、行政法规和国家有关强制性标准、国务院农业农村主管部门的规定，科学合理使用农药、兽药、饲料和饲料添加剂、肥料等农业投入品，严格执行农业投入品使用安全间隔期或者休药期的规定；不得超范围、超剂量使用农业投入品危及农产品质量安全。禁止在农产品生产经营过程中使用国家禁止使用的农业投入品以及其他有毒有害物质。

《中华人民共和国农产品质量安全法》第三十一条规定：县级以上人民政府农业农村主管部门应当加强对农业投入品使用的监督管理和指导，建立健全农业投入品的安全使用制度，推广农业投入品科学使用技术，普及安全、环保农业投入品的使用。

3. 从事农产品冷链物流的生产经营者应该如何保障农产品的质量安全?

【解答】

人们的消费观念随着社会经济进步而改变，不仅对农产品的需求量有所增加，对农产品新鲜度、安全性等方面的要求也越来越高。我国农产品冷链物流潜力大，以环保、安全、经济作为主要发展目标，促使冷链物流产业化、规范化。冷链物流与农产品销售存在密不可分的关系，能促进农产品销售，缓解现阶段暴增的农产品运输压力，但农产品冷链物流涉及众多环节，必须打造完善的物流体系，才能维护好农民群体的经济利益、保障农产品的质量安全。

为建立完善的农产品保鲜冷链物流系统，需要从运输、储存、配送等多个环节进行优化升级。具体而言，可以采用防护性运输设施、智能送货系统、温度追溯技术等方式，提高农产品运输、储存、配送的效率和质量。

【法律依据】

《中华人民共和国农产品质量安全法》第三十三条规定：国家支持农产品产地冷链物流基础设施建设，健全有关农产品冷链物流标准、服务规范和监管保障机制，保障冷链物流农产品畅通高效、安全便捷，扩大高品质市场供给。

从事农产品冷链物流的生产经营者应当依照法律、法规和有关农产品质量安全标准，加强冷链技术创新与应用、质量安全控制，执行对冷链物流农产品及其包装、运输工具、作业环境等的检验检测检疫要求，保证冷链农产品质量安全。

项目四　农产品包装和标识问题

1. 农产品在包装、储存、运输、保鲜中所用试剂、材料、器具应满足何种规定？

【解答】

农产品在运输过程中，包装的合理与否直接影响到产品的质量。因此，包装要求不可忽视。在包装材料上应注重强度、透气性和隔热性。此外，要根据产品的特性选择合适的包装形式，并防止在运输过程中包装破损。农产品质量得到保障的关键是在运输、储存过程中保障农产品的新鲜度和品质。常见的保鲜方式有真空包装、低温存储、硅胶干燥剂、化学药品保鲜剂等。

【法律依据】

《中华人民共和国农产品质量安全法》第三十五条规定：农产品在包装、保鲜、储存、运输中所使用的保鲜剂、防腐剂、添加剂、包装材料等，应当符合国家有关强制性标准以及其他农产品质量安全规定。储存、运输农产品的容器、工具和设备应当安全、无害。禁止将农产品与有毒有害物质一同储存、运输，防止污染农产品。

2. 农产品包装物或标识可以随意应用吗？在添加包装和标识时应遵守哪些规定？

【解答】

农产品包装是指对农产品实施装箱、装盒、装袋、包裹、捆扎等。获得了相关质量认证的用于销售的农产品必须进行包装。

农产品标识需要附加上产品的具体信息，包括农产品名、产地、生产者信息、保质期等，未包装的农产品，应该采取附加相关标签、标识牌、说明书等形式注明这些信息。未经过质量认证的农产品不得冒用相关的质量标识。

【法律依据】

《中华人民共和国农产品质量安全法》第三十八条规定：农产品生产企业、农民专业合作社以及从事农产品收购的单位或者个人销售的农产品，按照规定应当包装或者附加承诺达标合格证等标识的，须经包装或者附加标识后方可销售。包装物或者标识上应当按照规定标明产品的品名、产地、生产者、生产日期、保质期、产品质量等级等内容；使用添加剂的，还应当按照规定标明添加剂的名称。具体办法由国务院农业农村主管部门制定。第四十三条规定，属于农业转基因生物的农产品，应当按照农业转基因生物安全管理的有关规定进行标识。

3. 食用农产品承诺达标合格证是必须开具的吗？

【解答】

食用农产品承诺达标合格证是农产品生产者“自我质量控制”“自我管理”“自我承诺”的一种新型质量安全治理制度，是农产品的“身份证”，农业经营主体都应当“应开尽开、常态化应用”承诺达标合格证。

相关的农业经济组织需要保证销售的农产品的质量安全，更加强调了生产者作为农产品质量安全第一责任人的要求。

【法律依据】

《中华人民共和国农产品质量安全法》第三十九条规定：农产品生产企业、农民专业合作社应当执行法律、法规的规定和国家有关强制性标准，保证其销售的农产品符合农产品质量安全标准，并根据质量安全控制、检测结果等开具承诺达标合格证，承诺不使用禁用的农药、兽药及其他化合物且使用的常规农药、兽药残留不超标等。鼓励和支持农户销售农产品时开具承诺达标合格证。

项目五　监督检查和法律责任问题

1. 执法机构开展农产品质量安全监督检查，有权采取哪些措施？

【解答】

执法机构为保障农产品质量安全，积极开展执法工作，可以通过增加监督检查次数，加大执法力度，针对重点区域、重点监管对象开展监督检查工作；对相关违法违规行为进行严处；扩大宣传范围，采用发放宣传单、院坝会等方式向农户宣传相关法律法规。

在开展相关法律法规宣传的过程中，执法人员按照“谁执法，谁普法”要求进行相关法律法规的宣传。常采用农产品质量抽检的方式，将样本送至农产品承检机构进行检测，重点检测农产品中是否含有国家禁止使用的药物以及农、兽药残留是否超标。

【法律依据】

《中华人民共和国农产品质量安全法》第五十三条规定：开展农产品质量安全监督检查，可以采取以下措施：

（一）进入生产经营场所进行现场检查，调查了解农产品质量安全的有关情况；

（二）查阅、复制农产品生产记录、购销台账等与农产品质量安全有关的资料；

（三）抽样检测生产经营的农产品和使用的农业投入品以及其他有关产品；

（四）查封、扣押有证据证明存在农产品质量安全隐患或者经检测不符合农产品质量安全标准的农产品；

（五）查封、扣押有证据证明可能危及农产品质量安全或者经检测不符合产品质量标准的农业投入品以及其他有毒有害物质；

（六）查封、扣押用于违法生产经营农产品的设施、设备、场所以及运输工具；

（七）收缴伪造的农产品质量标志。

农产品生产经营者应当协助、配合农产品质量安全监督检查，不得拒绝、阻挠。

2. 如果出具虚假的农产品质量安全检测报告会受到什么处罚？

【解答】

发现或接到举报有依法应当给予行政处罚行为，以及有关部门移送的案件，予以审查，决定是否立案。

对立案的案件，组织调查取证（必要时，依法进行检查）。调查时执法人员不得少于两人，执法时应出示执法身份证件，允许当事人辩解陈述，执法人员与当事人有直接利害关系的应当回避。对违法事实、证据、调查取证程序、法律适用、处罚种类和幅度、当事人陈述和申辩理由等方面进行审查，提出处理意见。作出行政处罚决定之前，应告知当事人处罚的事实、理由和依据及其依法享有的陈述、申辩等权利。符合听证规定的，行政机关应当组织听证。随后制作编有号码的行政处罚决定书，并按法律规定的方式送达当事人。责令当事人改正或限期改正违法行为，当事人逾期不履行行政处罚决定的，依法采取措施或申请人民法院强制执行。

【法律依据】

《中华人民共和国农产品质量安全法》第六十五条规定：农产品质量安全检测机构、检测人员出具虚假检测报告的，由县级以上人民政府农业农村主管部门没收所收取的检测费用，检测费用不足一万元的，并处五万元以上十万元以下罚款，检测费用一万元以上的，并处检测费用五倍以上十倍以下罚款；对直接负责的主管人员和其他直接责任人员处一万元以上五万元以下罚款；使消费者的合法权益受到损害的，农产品质量安全检测机构应当与农产品生产经营者承担连带责任。

因农产品质量安全违法行为受到刑事处罚或者因出具虚假检测报告导致发生重大农产品质量安全事故的检测人员，终身不得从事农产品质量安全检测工作。农产品质量安全检测机构不得聘用上述人员。

农产品质量安全检测机构有前两款违法行为的，由授予其资质的主管部门或者机构吊销该农产品质量安全检测机构的资质证书。

3. 对销售的农药、兽药等的化学物质残留不符合农产品质量安全标准的农产品生产者会有什么处罚?

【解答】

生产者会有以下几种处罚情况：一是责令改正，一旦商家被检查出违法行为，监管部门有权责令其改正。改正的方式包括销毁、封存、退货等。商家必须按照监管部门的要求及时进行处理，否则将会被追究法律责任。二是根据货值的超标程度严重性处以不同金额的罚款。三是暂停销售。监管部门可以暂停商家的销售资格，并收回销售许可证。在农药残留量超标的问题被解决之前，商家无法继续销售相应的农产品或食品。情节严重的，可能被吊销许可证。四是刑事责任，如果商家故意或者出于明显过失超标使用投入品，从而导致严重后果，那么商家可能会被追究刑事责任。

【法律依据】

《中华人民共和国农产品质量安全法》第七十一条规定：违反本法规定，农产品生产经营者有下列行为之一，尚不构成犯罪的，由县级以上地方人民政府农业农村主管部门责令停止生产经营、追回已经销售的农产品，对违法生产经营的农产品进行无害化处理或者予以监督销毁，没收违法所得，并可以没收用于违法生产经营的工具、设备、原料等物品；违法生产经营的农产品货值金额不足一万元的，并处五万元以上十万元以下罚款，货值金额一万元以上的，并处货值金额十倍以上二十倍以下罚款；对农户，并处五百元以上五千元以下罚款：

（一）销售农药、兽药等化学物质残留或者含有的重金属等有毒有害物质不符合农产品质量安全标准的农产品；

（二）销售含有的致病性寄生虫、微生物或者生物毒素不符合农产品质量安全标准的农产品；

（三）销售其他不符合农产品质量安全标准的农产品。

模块四

农村土地承包问题

项目一　家庭承包问题

1. 没有签订书面合同，没有约定租赁期限，土地出租方能否随时解除合同？

【解答】

关于土地承包经营权转包合同的解除。承包人流转农村土地承包经营权，应当与受让方在协商一致的基础上签订书面流转合同。土地承包经营权转包合同一经订立，便具有法律效力，任何人不得擅自变更和解除，也不得无理干涉和阻挠承包人的土地承包经营权。

双方在进行土地租赁时，既没有签订合同，也没有约定合同解除的情形，更没有约定租赁期限。双方当事人既不能就租赁期限达成书面合同，也不能根据合同条款或交易习惯加以确定，只要出租人没有收回租赁物的意思，同时也没有收回行为并且继续收取租金的，就表明租赁关系仍然存在，但这时的租赁视为不定期租赁，双方当事人可以随时解除合同。

【法律依据】

《中华人民共和国农村土地承包法》第四十条规定：土地经营权流转，当事人双方应当签订书面流转合同。

土地经营权流转合同一般包括以下条款：

（一）双方当事人的姓名、住所；

（二）流转土地的名称、坐落、面积、质量等级；

（三）流转期限和起止日期；

（四）流转土地的用途；

（五）双方当事人的权利和义务；

（六）流转价款及支付方式；
（七）土地被依法征收、征用、占用时有关补偿费的归属；
（八）违约责任。

承包方将土地交由他人代耕不超过一年的，可以不签订书面合同。

2. 土地承包经营权依法流转后，原承包人还能反悔吗？

【解答】

受让人获得土地承包经营权是在承包人认可和符合法律规定的情况下实施的，且承包人已经从中受益，因此，不能反悔。包括村民在内的民事主体也要确认一个事实，那就是在作出一个生效的法律行为之后，随意反悔是无法得到法律支持的。

【法律依据】

《中华人民共和国农村土地承包法》第三十四条规定：经发包方同意，承包方可以将全部或者部分的土地承包经营权转让给本集体经济组织的其他农户，由该农户同发包方确立新的承包关系，原承包方与发包方在该土地上的承包关系即行终止。

《中华人民共和国农村土地承包法》第三十七条规定：土地经营权人有权在合同约定的期限内占有农村土地，自主开展农业生产经营并取得收益。

3. 丧偶妇女还享有土地承包经营权吗？

【解答】

国家保护集体土地所有者的合法权益，保护承包方的土地承包经营权，任何组织和个人不得侵犯。土地承包经营权人对其承包经营的土地享有占有、使用和收益的权利，家庭承包经营的承包方是农户而不是个人。

在农村土地承包资格确认时，如果某农户一户依法取得该土地的土地承包经营权，且此时已经结婚，其妻子为该户成员，那么，其妻子也是承包经营权的共同权利人。当丈夫去世后，如果农户所在村将该土地流转给他人，依法应当将土地流转费支付给家庭中其他土地承包经营权利人。

【法律依据】

《中华人民共和国农村土地承包法》第九条规定：承包方承包土地后，享有土地承包经营权，可以自己经营，也可以保留土地承包权，流转其承包地的土地经营权，由他人经营。

《中华人民共和国农村土地承包法》第十六条第一款规定：家庭承包的承包方是本集体经济组织的农户。

《中华人民共和国农村土地承包法》第三十九条规定：土地经营权流转的价款，应当由当事人双方协商确定。流转的收益归承包方所有，任何组织和个人不得擅自截留、扣缴。

4. 承包方家庭成员变更为非农业户口后，土地承包经营权一定会丧失吗？

【解答】

农户与村委会之间已经达成了农村土地承包合同关系，农户从村里承包了土地，但因集约经营流转土地流转回村里统一经营，以上合同关系如果是双方当事人的真实意思表示，且不违反法律、行政法规的强制性规定，应属有效，双方当事人应恪守履行。一般来说，村委会与农户之间关于土地的收益方案分为确权、确地、确利三种类型。按照“增人不增地、减人不减地”的土地政策，即使承包方家庭成员后来变更为非农业户口，也不影响其土地权益，土地承包经营权不会丧失。

【法律依据】

《中华人民共和国农村土地承包法》第二十八条第一款规定：承包期内，发包方不得调整承包地。

5. 享有土地承包经营权的进城农户还能请求分配土地征收补偿费吗？

【解答】

农村土地属于农民集体所有，集体土地被征收产生的收益应归集体经济所有，本集体经济组织应当依照法定程序，根据土地补偿费用的各项组成部分的不同性质，区别决定土地补偿费用的使用、分配办法。

虽然2019年1月1日新施行的《中华人民共和国农村土地承包法》与之前的规定有所改动，删除了“设区的市”的条件，但承包期内，发包方不得收回承包地的规定和政策都没有任何变化。即便承包方将全家的户籍都迁入了城镇，丧失了集体经济组织成员资格，但其并未将土地自愿交回，而是继续对土地进行生产经营，故其承包经营权不受到影响，仍有权获得相应的土地租赁费。

对于土地征收，土地补偿费用的内容可以区分为土地补偿费和安置补助费。土地征收补偿费的对象是土地所有权人（村集体经济组织），安置补助费的对象是失去土地承包经营权的农民。享有土地承包经营权的农户对村集体或村民小组因土地征收所获得的土地补偿费用中的安置补助费享有分配权，取得土地补偿安置方案中约定的安置补助费。

【法律依据】

《中华人民共和国农村土地承包法》第二十七条规定：承包期内，发包方不得收回承包地。

国家保护进城农户的土地承包经营权。不得以退出土地承包经营权作为农户进城落户的条件。

承包期内，承包农户进城落户的，引导支持其按照自愿有偿原则依法在本集体经济组织内转让土地承包经营权或者将承包地交回发包方，也可以鼓励其流转土地经营权。

承包期内，承包方交回承包地或者发包方依法收回承包地时，承包方对其在承包地上投入而提高土地生产能力的，有权获得相应的补偿。

6. 未分户要求分割土地承包经营权能够得到支持吗？

【解答】

农村集体经济组织实行家庭承包经营为基础、统分结合的双层经营体制，家庭承包土地的权利主体为农户，而非个人。农户内成员土地承包权利只有在户内才能实现，同时，农户成员土地承包权利的分离也必须借助于户的分离来实现。农户分户的判断标准不能仅依靠户籍的分离，更重要的是在农户之间就分户达成一致。尤其是分户涉及户内其他成员的利益，必须经户内其他成员一致同意后才能产生法律效力。

【法律依据】

《中华人民共和国农村土地承包法》第五条规定：农村集体经济组织成员有权依法承包由本集体经济组织发包的农村土地。

任何组织和个人不得剥夺和非法限制农村集体经济组织成员承包土地的权利。

《中华人民共和国农村土地承包法》第十六条规定：家庭承包的承包方是本集体经济组织的农户。

农户内家庭成员依法平等享有承包土地的各项权益。

《中华人民共和国农村土地承包法》第二十七条第一款规定：承包期内，发包方不得收回承包地。

7. 林地承包期未满而承包人死亡，继承人是否能够继承土地承包经营权？

【解答】

如果当事人签订的林地承包合同是当事人真实意思表示，内容不违反法律、行政法规的强制性规定，合法有法，对双方当事人均有法律约束力。根据《中华人民共和国农村土地承包法》第三十二条的规定："承包人应得的承包收益，依照继承法的规定继承。林地承包的承包人死亡，其继承人可以在承包期内继续承包。"最高人民法院《关于审理涉及农村土地承包纠纷案件适用法律问题的解释》第二十三条规定："林地家庭承包中，承包方的继承人请求在承包期间继续承包的，应予支持。其他方式承包中，承包方的继承人或者权利义务承受者变形受害者求在承包期内继续承包的，应予支持。"因此，林地承包期未满而承包人死亡，继承人能够继承土地承包经营权。

【法律依据】

《中华人民共和国农村土地承包法》第三十二条规定：承包人应得的承包收益，依照继承法的规定继承。

林地承包的承包人死亡，其继承人可以在承包期内继续承包。

8. 家庭承包经营中部分成员去世，其相应的土地承包经营权是否能被村委会收回？

【解答】

家庭联产承包责任制是指农户以家庭为单位向集体组织承包土地等生产资料和生产任务的一种农业生产责任制形式。《中华人民共和国宪法》第八条规定"农村集体经济组织实行家庭承包经营为基础、统分结合的双层经营体制"，确定了家庭联产承包责任制的宪法地位。家庭承包为基础的经营方式是我国目前农村集体经济的基本经营制度。家庭承包是以家庭全体人员构成的"户"为单位承包农村土地，即农村土地政策中的"按户承包"。因此，土地承包经营权的承包权利主体及行使主体均是农户，除另有规定外，在承包期内，无论承包方家庭成员发生什么样的变化，只要作为承包方的家庭还存在，均不影响农村土地承包合同的效力。所以，即使出现家庭成员去世的情况，也不得收回部分承包土地，剩余家庭成员继承原有的全部土地承包经营权。

此外，承包人可以保留土地承包权，通过流转土地经营权以向经营权人收取租金等方式获取收益。该项流转收益属于承包人的合法财产，在承包人去世时为其遗产，依法由其家庭成员继承。

【法律依据】

《中华人民共和国农村土地承包法》第十六条第一款规定：家庭承包的承包方是本集体经济组织的农户。

《中华人民共和国农村土地承包法》第二十七条第一款规定：承包期内，发包方不得收回承包地。

《中华人民共和国农村土地承包法》第三十二条第一款规定：承包人应得的承包收益，依照继承法的规定继承。

《中华人民共和国农村土地承包法》第三十六条规定：承包方可以自主决定依法采取出租（转包）、入股或者其他方式向他人流转土地经营权，并向发包方备案。

《中华人民共和国农村土地承包法》第三十七条规定：土地经营权人有权在合同约定的期限内占有农村土地，自主开展农业生产经营并取得收益。

9. 家庭承包的农户分户时，新增人口是否有土地承包经营权？

【解答】

家庭承包方式是指集体经济组织按照规定程序和人人平等有份的原则，以农户为承包方，发包集体土地。其主要特点：一是集体经济组织发包集体土地时，集体经济组织成员人人有份。二是以户为单位承包集体土地并签订承包合同。根据《国务院批转农业部关于稳定和完善土地承包关系意见的通知》（国发〔1995〕7号）规定，提倡在承包期内实行“增人不增地，减人不减地”。《中华人民共和国农村土地承包法》第一条、第二十八条规定，国家依法保护农村土地承包关系的长期稳定，承包期内发包方不得调整承包地。之后，相关会议多次明确提出，现有农村土地承包关系要保持稳定并长久不变。

关于解决新增人口承包地问题，《中华人民共和国农村土地承包法》第二十九条规定："下列土地应当用于调整承包土地或者承包给新增人口：（一）集体经济组织依法预留的机动地；（二）通过依法开垦等方式增加的；（三）承包方依法、自愿交回的。"如果当地有机动地和新增土地用于承包给新增人口，农户分户时，新增人口承包地应由集体经济组织统筹考虑解决。如果当地既无机动地也无新增土地用于承包给新增人口，农户分户时，新增人口承包地问题应在家庭内部协商解决。

【法律依据】

《中华人民共和国农村土地承包法》第二十九条规定：下列土地应当用于调整承包土地或者承包给新增人口：

（一）集体经济组织依法预留的机动地；

（二）通过依法开垦等方式增加的；

（三）发包方依法收回和承包方依法、自愿交回的。

10. 家庭承包后承包方如何取得土地承包经营权证书?

【解答】

土地承包经营权证书，是确认承包方享有土地承包经营权的法律凭证，是调解、仲裁和审理土地承包经营纠纷的证据，受国家法律的保护。《中华人民共和国农村土地承包法》第二十四条规定，县级以上地方人民政府应当向承包方颁发土地承包经营权证或者林权证等证书，并登记造册，确认土地承包经营权。也就是说，承包方与发包方签订承包合同后，不用主动向有关部门申请登记发证，而是由县级以上地方人民政府依法向承包方颁发土地承包经营权证书，同时将土地的使用权属、用途、面积、坐落等情况登记在专门的簿册上，以确认土地承包经营权。

【法律依据】

《中华人民共和国农村土地承包法》第二十四条规定：国家对耕地、林地和草地等实行统一登记，登记机构应当向承包方颁发土地承包经营权证或者林权证等证书，并登记造册，确认土地承包经营权。

土地承包经营权证或者林权证等证书应当将具有土地承包经营权的全部家庭成员列入。

登记机构除按规定收取证书工本费外，不得收取其他费用。

项目二　其他方式承包问题

1. 土地承包经营权互换口头协议的是否有效?

【解答】

在农村，村民们为了耕作方便或更充分利用土地等原因进行土地承包经营权互换是常有的事，但是由于法律意识淡薄或法律知识欠缺，导致因不同集体经济组织成员互换土地承包经营权、未签订书面土地承包经营权互换合同、未明确约定土地承包经营权互换时间等引起的纠纷不断。一般来说，需要通过审查是否违反法律或行政法规的强制性规定、合同义务的履行情况等因素综合认定土地承包经营权互换口头协议是否有效。判定依据有以下几点：

（1）土地承包经营权互换的双方属于同一集体经济组织的农户才能互换农村土地承包经营权，不属于同一集体经济组织的农户不能互换农村土地承包经营权，如果双方互换，则由于违反了法律的强制性规定，应属无效，双方应互相返还土地。

（2）用以进行土地承包经营权互换的土地必须是属于同一集体经济组织的农村土地，互换后，农户对原土地承包关系消灭，对互换后的土地成立新的土地承包关系。互换是对通过家庭承包取得的土地承包经营权进行流转的一种方式，不仅包括对承包地块进行交换，也包括对承包地块相应的权利义务进行交换，并且不得改变土地的农业用途。

（3）土地承包经营权的有效互换不以书面合同和备案为要件。根据《农村土地承包法》第三十三条的规定，互换土地承包经营权的双方应当报发包方备案，这里并没有规定双方必须要签订书面合同，根据《中华人民共和国民法典》第四百九十条的规定，当事人未采用书面形式但是一方已经履行主要义务，对方接受时，该合同成立。

【法律依据】

《中华人民共和国农村土地承包法》第三十三条规定：承包方之间为方便耕种或者各自需要，可以对属于同一集体经济组织的土地承包经营权进行互换，并向发包方备案。

《中华人民共和国民法典》第四百九十条规定：当事人采用合同书形式订立合同的，自当事人均签名、盖章或者按指印时合同成立。在签名、盖章或者按指印之前，当事人一方已经履行主要义务，对方接受时，该合同成立。

2. 换承包地的，承包地征收补偿费用归谁所有？

【解答】

互换承包地是经营权权利主体为方便耕种或者各自需要，对于同一集体经济组织的土地承包经营权进行互换，只要双方当事人真实意愿表示，且不损害他人利益，即为有效。依据相关法律的规定，互换后该承包地的实际经营权权利主体获得承包费用。

针对现实中存在互换承包地只有口头协议，没有书面合同情况，应当看互换后的土地是否实际耕种，如果实际进行耕种，则足以表明该协议是双方真实意愿的表示。同时，《中华人民共和国民法典》第四百六十九条明确规定在书面合同之外，也可以口头或以其他方式订立合同。

针对现实中存在互换未备案的情况，《中华人民共和国农村土地承包法》第三十三条中规定的采取互换等方式流转的，应当报发包方备案。这一规定的目的是让发包方及时了解土地承包经营权的变动情况。合同生效的要件不包括备案，并不影响当事人的权利义务。因此，无论互换土地的行为是否备案，都不影响合同生效。

【法律依据】

《中华人民共和国农村土地承包法》第三十三条规定：承包方之间为方便耕种或者各自需要，可以对属于同一集体经济组织的土地承包经营权进行互换，并向发包方备案。

《中华人民共和国民法典》第二百四十三条第二款规定：征收集体所有的土地，应当依法及时足额支付土地补偿费、安置补助费以及农村村民住宅、其他地上附着物和青苗等的补偿费用，并安排被征地农民的社会保障费用，保障被征地农民的生活，维护被征地农民的合法权益。

《中华人民共和国民法典》第三百三十八条规定：承包地被征收的，土地承包经营权人有权依据本法第二百四十三条的规定获得相应补偿。

《中华人民共和国民法典》第四百九十条规定：当事人采用合同书形式订立合同的，自当事人均签名、盖章或者按指印时合同成立。在签名、盖章或者按指印之前，当事人一方已经履行主要义务，对方接受时，该合同成立。

《中华人民共和国民法典》第四百六十九条规定：当事人订立合同，可以采用书面形式、口头形式或者其他形式。

3. 双方当事人所签订的土地承包经营权转让合同，在没有经发包方同意的情况下，能否认定为有效？

【解答】

承包方以转让方式流转土地承包经营权是承包方依法享有的权利，其中，采取转让方式流转的，应当经发包方同意，采取其他方式流转的，应当报发包方备案。转让与转包、出租、互换等土地承包经营权的流转不同，采取转让方式流转的，应当经发包方同意，采取其他方式流转的，无需发包方同意。发包方是否同意主要看双方转让合同书上是否有发包方签字盖章明示批准同意转让。根据原《中华人民共和国合同法》第四十四条（对应《中华人民共和国民法典》第五百零二条）规定“依法成立的合同，自成立时生效。法律、行政法规规定应当办理批准登记等手续生效的，依照其规定。”土地承包经营权转让应当经发包方同意是一种审批权，是实质权利，不是可有可无，不经审批不能默示同意，也不能推定同意，认定发包方同意必须以发包方的明示为依据。因此，双方当事人之间签订的土地承包经营权转让合同未经发包方同意，转让合同应无效。

最高人民法院《关于审理涉及农村土地承包纠纷案件适用法律问题的解释》第十三条规定，发包方无法定理由不同意或拖延表态的，不影响土地承包经营权转让合同的效力。以“无法定理由”和“拖延表态”认定转让合同有效，须以充分的证据为依据，不能无视发包方的审批权。

【法律依据】

《中华人民共和国农村土地承包法》第十四条第一款规定：发包方享有下列权利：（一）发包本集体所有的或者国家所有依法由本集体使用的农村土地。

《中华人民共和国农村土地承包法》第三十四条规定：经发包方同意，承包方可以将全部或者部分的土地承包经营权转让给本集体经济组织的其他农户，由该农户同发包方确立新的承包关系，原承包方与发包方在该土地上的承包关系即行终止。

4. 什么叫承包合同的变更，什么叫承包合同的解除？

【解答】

承包合同的变更，是指承包双方在履行承包合同过程中，经协商，对原承包合同的条款进行修改或者补充，并达成新的协议。承包合同的解除，是指承包双方在履行承包合同过程中，经协商或者因土地征用、自然灾害等法律规定无法再继续履行合同时，提前终止承包合同。也就是说，除承包双方协议或者法律规定可以变更或者解除承包合同以外，一方当事人不得擅自变更或者解除承包合同，否则就是一种违约行为，应当依法承担违约责任。所以，《中华人民共和国农村土地承包法》规定，“承包合同生效后，发包方不得因承办人或者负责人的变动而变更或者解除，也不得因集体经济组织的分立或者解除，也不得因集体经济组织的分立或者合并而变更或者解除”。《中华人民共和国农村土地承包法》又规定，“国家机关及其工作人员不得利用职权干涉农村土地承包或者变更、解除承包合同”。

【法律依据】

《中华人民共和国农村土地承包法》第二十五条规定：承包合同生效后，发包方不得因承办人或者负责人的变动而变更或者解除，也不得因集体经济组织的分立或者合并而变更或者解除。

《中华人民共和国农村土地承包法》第二十六条规定：国家机关及其工作人员不得利用职权干涉农村土地承包或者变更、解除承包合同。

 5. 家庭承包期内，发包方能不能调整承包地?

【解答】

农村实行家庭承包经营制度以来，党中央、国务院反复强调，要稳定农村土地承包关系。但在个别地方土地承包关系仍不够稳定。究其原因，主要在于，承包期内发包方由于种种原因，通过行政手段频繁调整土地，造成人心不稳定，带来了不少问题。所以，《中华人民共和国农村土地承包法》规定，“承包期内，发包方不得调整承包地”。这是一个基本原则，决不能动摇。

但是，在30年承包期内情况会发生很大的变化，可能遇到自然灾害等特殊情况，完全不允许调整承包地，恐怕难以做到。所以，《中华人民共和国农村土地承包法》又规定，承包期内，因自然灾害严重毁损承包地等特殊情形对个别农户之间承包的耕地和草地需要适当调整的，经依法批准可以调整。这里需要注意的是：（1）特殊情形是指自然灾害严重毁损承包地、承包地被依法征用占用后不要安置补助费、人口增减导致人地矛盾突出三种情况。（2）只限于个别农户之间进行调整。（3）调整只限于耕地和草地，不包括林地。（4）必须坚决遵循法律规定的程序，即首先必须经本集体经济组织成员的村民会议三分之二以上成员或者三分之二以上村民代表同意，然后报乡（镇）人民政府批准，再报县级人民政府农业等行政主管部门批准。（5）凡是承包合同已经约定不调整的，不能以其他任何理由调整承包地。

【法律依据】

《中华人民共和国农村土地承包法》第二十八条规定：承包期内，发包方不得调整承包地。

承包期内，因自然灾害严重毁损承包地等特殊情形对个别农户之间承包的耕地和草地需要适当调整的，必须经本集体经济组织成员的村民会议三分之二以上成员或者三分之二以上村民代表的同意，并报乡（镇）人民政府和县级人民政府农业农村、林业和草原等主管部门批准。承包合同中约定不得调整的，按照其约定。

6. 家庭承包的土地承包经营权流转有哪几种形式？

【解答】

通过家庭承包取得的土地承包经营权可以依法采取转包、出租、互换、转让或者其他方式流转。

转包，是指承包方在一定期限内将部分或者全部土地承包经营权转给本集体经济组织内部成员承包经营。

出租，是指承包方在一定期限内将部分或者全部土地承包经营权租给本集体经济组织以外的人承包经营。

互换，是指同一集体经济组织内部的承包方之间，为方便耕种或者各自需要，将各自土地承包经营权进行交换承包经营。

转让，是指有稳定的非农职业或者有稳定的收入来源的承包方，经发包方同意，将全部或者部分土地承包经营权转给其他从事农业生产经营的农户承包经营。

上述四种流转方式中，转包、出租没有改变发包方与原承包方的承包关系，互换、转让改变了发包方与原承包方的承包关系；转让必须经发包方同意，转包、出租、互换只需报发包方备案。其他方式流转主要指入股，它是指承包方之间为发展农业经济，自愿联合，将土地承包经营权入股，从事农业合作生产。

【法律依据】

《中华人民共和国农村土地承包法》第三十三条规定：承包方之间为方便耕种或者各自需要，可以对属于同一集体经济组织的土地的土地承包经营权进行互换，并向发包方备案。

《中华人民共和国农村土地承包法》第三十四条规定：经发包方同意，承包方可以将全部或者部分的土地承包经营权转让给本集体经济组织的其他农户，由该农户同发包方确立新的承包关系，原承包方与发包方在该土地上的承包关系即行终止。

《中华人民共和国农村土地承包法》第三十六条规定：承包方可以自主决定依法采取出租（转包）、入股或者其他方式向他人流转土地经营权，并向发包方备案。

项目三　争议解决问题

1. 征收补偿款应当认定为夫妻共同财产还是夫妻个人财产?

【解答】

土地是我国广大农村居民赖以生存的土地资源，具有很强的人身依附性，不会因妇女婚姻情况发生变化而收回其承包经营的土地。

土地补偿款是对被征地农民因失去耕地，失去基本生活条件的补偿，是失地农民今后的生活保障，作为非承包者的配偶一方是无权获得，若双方都属于承包经营者，因丧失承包经营权而获得的补偿款应当分别属于夫妻双方各自所有。

最高人民法院《关于审理涉及农村土地承包纠纷案件适用法律问题的解释》第二十二条规定："征地补偿安置方案确定时已经具有本集体经济组织成员资格的人，请求支付相应份额的，应予支持。"取得土地补偿款的身份条件只有一个，那就是具备本集体经济组织成员资格，可见土地补偿款具有人身专有属性，是人人专有的财产，不会因婚姻与否改变土地补偿款的性质。

【法律依据】

《中华人民共和国农村土地承包法》第三十一条规定：承包期内，妇女结婚，在新居住地未取得承包地的，发包方不得收回其原承包地；妇女离婚或者丧偶，仍在原居住地生活或者不在原居住地生活但在新居住地未取得承包地的，发包方不得收回其原承包地。

《中华人民共和国民法典》第二百四十三条第二款规定：征收集体所有的土地，应当依法及时足额支付土地补偿费、安置补助费以及农村村民住宅、其他地上附着物和青苗等的补偿费用，并安排被征地农民的社会保障费用，保障被征地农民的生活，维护被征地农民的合法权益。

《中华人民共和国民法典》第一千零六十三条规定：下列财产为夫妻一方的个人财产：

（一）一方的婚前财产；

（二）一方因受到人身损害获得的赔偿或者补偿；

（三）遗嘱或者赠与合同中确定只归一方的财产；
（四）一方专用的生活用品；
（五）其他应当归一方的财产。

2. 承包期限还未到，村委会要收回承包地如何进行处理？

【解答】

根据相关法律规定，土地承包期限还未到，只要不是承包方自愿退还承包地，村委会作为发包方不能收回承包地。如果村委会要收回未到期限的承包地，承包方可以先申请乡（镇）人民政府调解，若村委会不同意协商或者协商不成的，承包方可以向农村土地承包仲裁机构申请仲裁，也可以直接向人民法院起诉。

【法律依据】

《中华人民共和国农村土地承包法》第二十七条第一款规定：承包期内，发包方不得收回承包地。

3. 发包方在承包期内能否依据外嫁女在新居住地取得土地承包经营权收回其承包土地？

【解答】

农户已经获得了相应耕地的土地承包资格，根据法律规定，该承包经营权期限为 30 年，且在承包期内，发包方不得收回承包地。依据《中华人民共和国农村土地承包法》第三十条规定："承包期内，承包方可以自愿将承包地交回发包方。承包方自愿交回承包地的，可以获得合理补偿，但是应当提前半年以书面形式通知发包方。"最高人民法院《关于审理涉及农村土地承包纠纷案件适用法律问题的解释》第十条规定："承包方交回承包地不符合农村土地承包法第三十条规定程序的，不得认定其为自愿交回。"

农村土地承包以户为单位，A 在夫家取得农村土地承包权，其夫家并没有因为 A 的到来而另外多分土地，法律并没有禁止一人享有两处土地承包经营权的规定，且 A 的户籍目前仍在夫家所有的甲村。即便 A 再婚后在乙村获得了土地承包经营权属实，也不能认为 A 自愿交回甲村的承包地。如果甲村村委会在未与 A 正式解除承包合同关系的情况下，再次与其他村民签订土地承包合同，此属于重复发包。后续如果该块土地被依法征用，征地土地补偿金则依然由 A 享有，已经承包该地块的村民应当全额返还土地补偿款给 A。但如果 A 在土地征地前一直未向甲村村委会主张土地承包经营权，则认定为存在一定过错，已经承包该地块的村民应当返还 70% 的土地补偿款给 A。甲村村委会在未与 A 解除土地承包合同时又与其他村民签订土地承包合同，也存在过错，应当承担返还土地补偿款的连带责任。

【法律依据】

《中华人民共和国农村土地承包法》第三十条规定：承包期内，承包方可以自愿将承包地交回发包方。承包方自愿交回承包地的，可以获得合理补偿，但是应当提前半年以书面形式通知发包方。承包方在承包期内交回承包地的，在承包期内不得再要求承包土地。

4. 发包方在哪些情形下要承担民事责任?

【解答】

发包方干涉承包方依法享有的生产经营自主权。《中华人民共和国农村土地承包法》规定，国家保护集体土地所有者的合法权益，保护承包方的土地承包经营权，任何组织和个人不得侵犯。发包方应当尊重承包方的生产经营自主权，不得干涉承包方依法进行正常的生产经营活动。承包方依法享有承包地使用、收益和流转的权利，有权自主组织生产经营和处置产品。发包方违反这些规定干涉承包方依法享有的生产经营自主权的，应当承担停止侵害、恢复原状、赔偿损失等相应的民事责任。

【法律依据】

《中华人民共和国农村土地承包法》第五十七条规定：发包方有下列行为之一的，应当承担停止侵害、排除妨碍、消除危险、返还财产、恢复原状、赔偿损失等民事责任：

（一）干涉承包方依法享有的生产经营自主权；

（二）违反本法规定收回、调整承包地；

（三）强迫或者阻碍承包方进行土地承包经营权的互换、转让或者土地经营权流转；

（四）假借少数服从多数强迫承包方放弃或者变更土地承包经营权；

（五）以划分“口粮田”和“责任田”等为由收回承包地搞招标承包；

（六）将承包地收回抵顶欠款；

（七）剥夺、侵害妇女依法享有的土地承包经营权；
（八）其他侵害土地承包经营权的行为。

5. 农村土地承包期是如何规定的？为稳定土地承包期，采取了哪些措施？

【解答】

根据我国《中华人民共和国农村土地承包法》规定，耕地承包期为三十年，草地的承包期为三十到五十年，林地的承包期为三年到七十年。耕地承包期届满后再延长三十年，草地、林地承包期届满后依照前款规定相应延长。为了稳定农村土地承包期，法律规定承包关系确定以后，发包方应当与承包方签订书面承包合同，县级以上地方人民政府应当向承包方颁发土地承包经营权证或林权证等证书，并登记造册，确认土地承包经营权。颁发土地承包经营权证或者林权证等证书，除按规定收取工本费外，不得收取其他费用。

【法律依据】

《中华人民共和国农村土地承包法》第二十一条规定：耕地的承包期为三十年。草地的承包期为三十年至五十年。林地的承包期为三十年至七十年。

前款规定的耕地承包期届满后再延长三十年，草地、林地承包期届满后依照前款规定相应延长。

《中华人民共和国农村土地承包法》第二十二条第一款规定：耕发包方应当与承包方签订书面承包合同。

《中华人民共和国农村土地承包法》第二十三条规定：承包合同自成立之日起生效。承包方自承包合同生效时取得土地承包经营权。

《中华人民共和国农村土地承包法》第二十四条第一、三款规定：国家对耕地、林地和草地等实行统一登记，登记机构应当向承包方颁发土地承包经营权证或者林权证等证书，并登记造册，确认土地承包经营权。

登记机构除按规定收取证书工本费外，不得收取其他费用。

模块五

劳动保障问题

项目一　工作时间和休息休假问题

1. 用人单位应遵守哪些国家关于工作时间的基本规定?

【解答】

工作时间简称“工时”，是法律规定的劳动者在一昼夜或一周内从事生产或工作的时间，即劳动者每天应工作的时数或每周应工作的天数。

根据《国务院关于职工工作时间的规定》，职工每日工作 8 小时、每周工作 40 小时。因工作性质或者生产特点的限制，不能实行每日工作 8 小时、每周工作 40 小时标准工时制度的，按照国家有关规定，可以实行其他工作和休息办法。任何单位和个人不得擅自延长职工工作时间。因特殊情况和紧急任务确需延长工作时间的，按照国家有关规定执行。

【法律依据】

《国务院关于职工工作时间的规定》第三条规定：职工每日工作 8 小时、每周工作 40 小时。

《国务院关于职工工作时间的规定》第五条规定：因工作性质或者生产特点的限制，不能实行每日工作 8 小时、每周工作 40 小时标准工时制度的，按照国家有关规定，可以实行其他工作和休息办法。

《国务院关于职工工作时间的规定》第六条规定：任何单位和个人不得擅自延长职工工作时间。因特殊情况和紧急任务确需延长工作时间的，按照国家有关规定执行。

2. 什么是加班加点？

【解答】

根据《中华人民共和国劳动合同法》第三十一条的规定，用人单位应当严格执行劳动定额标准，不得强迫或者变相强迫劳动者加班。用人单位安排加班的，应当按照国家有关规定向劳动者支付加班费。

根据《国务院关于职工工作时间的规定》，我国目前实行劳动者每日工作 8 小时、每周工作 40 小时的标准工时制度。在正常工作日用人单位延长劳动者工作时间的称为加点，在休息日和法定休假日安排劳动者延长工作时间的称为加班。用人单位安排劳动者加班、加点的均应符合国家有关法律法规的规定。此外，一些企业还可根据实际情况（如推销员、外勤、高级管理人员、交通部门需要连续工作的岗位等）实行不定时工作制和综合计算工作制。但其平均日工作时间和平均周工作时间应与法定标准工作时间基本相同。凡是超过这一工作时间标准的，都属于加班加点的范畴。

【法律依据】

《国务院关于职工工作时间的规定》第三条规定：职工每日工作 8 小时、每周工作 40 小时。

《国家机关、事业单位贯彻〈国务院关于职工工作时间的规定〉的实施办法》第三条规定：国家机关、事业单位实行统一的工作时间，星期六和星期日为周休息日。实行这一制度，应保证完成工作任务。一些与人民群众的安全、保健及其他日常生活密切相关的机关、事业单位，需要在国家规定的周休息日和节假日继续工作的，要调整好人员和班制，加强内部管理，保证星期六和星期日照常工作，方便人民群众。

3. 哪些劳动者可以实行不定时工作制？

【解答】

由于不定时工作制主要是为一些特殊工作性质和工作条件的劳动者设定，以便其不受标准工作时间限制，因此不是所有的劳动者都可以适用不定时工作制。根据《劳动部关于企业实行不定时工作制和综合计算工时工作制的审批办法》第四条的规定：“企业对符合下列条件之一的职工，可以实行不定时工作制。（一）企业中的高级管理人员、外勤人员、推销人员、部分值班人员和其他因工作无法按标准工作时间衡量的职工；（二）企业中的长途运输人员、出租汽车司机和铁路、港口、仓库的部分装卸人员以及因工作性质特殊，需机动作业的职工；（三）其他因生产特点、工作特殊需要或职责范围的关系，适合实行不定时工作制的职工。”

【法律依据】

《劳动部关于企业实行不定时工作制和综合计算工时工作制的审批办法》第三条规定：企业因生产特点不能实行《中华人民共和国劳动法》第三十六条、第三十八条规定的，可以实行不定时工作制或综合计算工时工作制等其他工作和休息办法。

《劳动部关于企业实行不定时工作制和综合计算工时工作制的审批办法》第四条规定：企业对符合下列条件之一的职工，可以实行不定时工作制。

（一）企业中的高级管理人员、外勤人员、推销人员、部分值班人员和其他因工作无法按标准工作时间衡量的职工；

（二）企业中的长途运输人员、出租汽车司机和铁路、港口、仓库的部分装卸人员以及因工作性质特殊，需机动作业的职工；

（三）其他因生产特点、工作特殊需要或职责范围的关系，适合实行不定时工作制的职工。

《劳动部关于企业实行不定时工作制和综合计算工时工作制的审批办法》第五条规定：企业对符合下列条件之一的职工，可实行综合计算工时工作制，即分别以周、月、季、年等为周期，综合计算工作时间，但其平均日工作时间和平均周工作时间应与法定标准工作时间基本相同。

（一）交通、铁路、邮电、水运、航空、渔业等行业中因工作性质特殊，需连续作业的职工；

（二）地质及资源勘探、建筑、制盐、制糖、旅游等受季节和自然条件限制的行业的部分职工；

（三）其他适合实行综合计算工时工作制的职工。

4. 休息日安排劳动者上班的，是否要安排补休？补休后是否需要支付延长劳动时间的工资？

【解答】

劳动者每周有至少 1 日的休息日，如用人单位安排劳动者在休息日上班，根据《关于贯彻执行〈中华人民共和国劳动法〉若干问题的意见》第七十条的规定：“休息日安排劳动者工作的，应先按同等时间安排其补休，不能安排补休的应按劳动法第四十四条第（二）项的规定支付劳动者延长工作时间的工资报酬。”用人单位首选的是安排劳动者补休，在无法安排的情况下，再按照《劳动法》的相关规定支付工资报酬，安排补休的就无须支付延长工作时间的工资报酬。但是在法定节假日安排劳动者加班的，即使安排了补休，仍然需要支付加班工资。

【法律依据】

《关于贯彻执行〈中华人民共和国劳动法〉若干问题的意见》规定：

四、工作时间和休假

（二）延长工作时间

70. 休息日安排劳动者工作的，应先按同等时间安排其补休，不能安排补休的应按劳动法第四十四条第（二）项的规定支付劳动者延长工作时间的工资报酬。法定节假日（元旦、春节、劳动节、国庆节）安排劳动者工作的，应按劳动法第四十四条第（三）项支付劳动者延长工作时间的工资报酬。

5. 对劳动者的休息和休假都有哪些法律规定？

【解答】

休息休假是指用人单位的劳动者按规定不必进行工作，而自行支配的时间。休息休假的权利是每个国家的公民都应享受的权利。

关于休息，《中华人民共和国劳动法》第三十八条规定："用人单位应当保证劳动者每周至少休息一日。"本条中的休息日又称公休假日，是劳动者工作一周之后的休息时间。由于有的企业因生产、工作需要，必须连续工作的，企业必须按照本条规定，予以统筹安排，保证劳动者每周至少休息一天，即至少有一次 24 小时不间断的休息。有的企业因工作特殊情况，劳动者不能在休息日休息的，企业应当安排轮流工作制度，给予劳动者相等时间的补休。按照国家现行的劳动工时制度，一个工作周为 5 天，即工作 5 天，可以休息 2 天。

关于休假，"假"的种类较多，主要有以下几种：

（1）法定节假日。根据国务院发布的《全国年节及纪念日放假办法》第 2 条至第六条的规定：

第二条　全体公民放假的节日：

（一）新年，放假 1 天（1 月 1 日）；

（二）春节，放假 3 天（农历正月初一、初二、初三）；

（三）清明节，放假 1 天（农历清明当日）；

（四）劳动节，放假 1 天（5 月 1 日）；

（五）端午节，放假 1 天（农历端午当日）；

（六）中秋节，放假 1 天（农历中秋当日）；

（七）国庆节，放假 3 天（10 月 1 日、2 日、3 日）。

第三条　部分公民放假的节日及纪念日：

（一）妇女节（3 月 8 日），妇女放假半天；

（二）青年节（5月4日），14周岁以上的青年放假半天；

（三）儿童节（6月1日），不满14周岁的少年儿童放假1天；

（四）中国人民解放军建军纪念日（8月1日），现役军人放假半天。

第四条　少数民族习惯的节日，由各少数民族聚居地区的地方人民政府，按照各该民族习惯，规定放假日期。

第五条　二七纪念日、五卅纪念日、七七抗战纪念日、九三抗战胜利纪念日、九一八纪念日、教师节、护士节、记者节、植树节等其他节日、纪念日，均不放假。

第六条　全体公民放假的假日，如果适逢星期六、星期日，应当在工作日补假。部分公民放假的假日，如果适逢星期六、星期日，则不补假。

（2）年休假。年休假是职工每年享有的保留工作和工资的连续休假，属于职工福利的一个组成部分。《中华人民共和国劳动法》第四十五条规定："国家实行带薪年休假制度。劳动者连续工作一年以上的，享受带薪年休假。具体办法由国务院规定。"根据国务院于2007年12月14日公布，2008年1月1日起正式施行的《职工带薪年休假条例》的规定：一是机关、团体、企业、事业单位、民办非企业单位、有雇工的个体工商户等单位的职工连续工作1年以上的，都可以享受带薪年休假。单位应当保证职工享受年休假。职工在年休假期间享受与正常工作期间相同的工资收入。二是职工累计工作已满1年不满10年的，年休假5天；已满10年不满20年的，年休假10天；已满20年的，年休假15天。国家法定休假日、休息日不计入年休假的假期。三是职工不享受当年的年休假的情形有：① 职工依法享受寒暑假，其休假天数多于年休假天数的；② 职工请事假累计20天以上并且单位按照规定不扣工资的；③ 累计工作满1年不满10年的职工，请病假累计2个月以上的；④ 累计工作满10年不满20年的职工，请病假累计3个月以上的；⑤ 累计工作满20年以上的职工，请病假累计4个月以上的。

（3）探亲假。根据1981年3月14日公布的《国务院关于职工探亲待遇的规定》第二条规定："凡在国家机关、人民团体和全民所有制企业、事业单位工作满一年的固定职工，与配偶不住在一起，又不能在公休假日团聚的，可以享受本规定探望配偶的待遇；与父亲、母亲都不住在一起，又不能在公休假日团聚的，可以享受本规定探望父母的待遇。但是，职工与父亲或与母亲一方能够在公休假日团聚的，不能享受本规定探望父母的待遇。"第八条规定："集体所有制企业、事业单位职工的探亲待遇，由各省、自治区、直辖市人民政府根据本地区的实际情况自行规定。"由此可见，探亲假不是一般非全民所有制企业职工的劳动福利待遇范围。第三条规定："职工探亲假期：（一）职工探望配偶的，每年给予一方探亲假一次，假期为三十天。（二）未婚职工探望父母，原则上每年给假一次，假期为二十天。如果因为工作需要，本单位当年不能给予假期，或者职工自愿两年探亲一次的，可以两年给假一次，假期为四十五天。（三）已婚职工探望父母的，每四年给假一次，假期为二十天。探亲假期是指职工与配偶、父、母团聚的时间，另外，根据实际需要给予路程假。上述假期均包括公休假日和法定节日在内。”

（4）产假、陪产假。产假，是指在职的女性劳动者产期前后的休假待遇。根据《女职工劳动保护特别规定》第七条的规定，女职工生育享受98天产假，其中产前可以休假15天；难产的，增加产假15天；生育多胞胎的，每多生育1个婴儿，增加产假15天。女职工怀孕未满4个月流产的，享受15天产假；怀孕满4个月流产的，享受42天产假。而各地还有增加产假期限的规定，比如湖南省规定，符合法定生育条件的女职工，享受60日的奖励假。

陪产假又称陪护假、护理假，是指依法登记结婚的夫妻，女方在享受产假期间，男方享受的有一定时间看护、照料对方的休假待遇。《劳动法》等相关法律法规并未对陪产假作出明确的规定，具体要看各省、自治区、直辖市的实际规定。比如，广东省规定，男方享受15日的陪产假。

（5）婚丧假。婚假是指劳动者本人结婚依法享受的假期。1980年的《国家劳动总局、财政部关于国营企业职工请婚丧假和路程假问题的通知》中规定，职工本人结婚时，可以根据具体情况，由本单位行政领导批准，酌情给予一天至三天的婚假。丧假是指劳动者的直系亲属死亡时依法享受的假期。上述通知中规定，职工的直系亲属（父母、配偶和子女）死亡时，可以根据具体情况，由本单位行政领导批准，酌情给予一天至三天的丧假。

【法律依据】

《中华人民共和国劳动法》第三十八条规定：用人单位应当保证劳动者每周至少休息一日。

《中华人民共和国劳动法》第四十五条规定：国家实行带薪年休假制度。劳动者连续工作一年以上的，享受带薪年休假。具体办法由国务院规定。

《职工带薪年休假条例》第二条规定：机关、团体、企业、事业单位、民办非企业单位、有雇工的个体工商户等单位的职工连续工作1年以上的，享受带薪年休假（以下简称年休假）。单位应当保证职工享受年休假。职工在年休假期间享受与正常工作期间相同的工资收入。

《职工带薪年休假条例》第三条规定：职工累计工作已满1年不满10年的，年休假5天；已满10年不满20年的，年休假10天；已满20年的，年休假15天。国家法定休假日、休息日不计入年休假的假期。

《国务院关于职工探亲待遇的规定》第二条规定：凡在国家机关、人民团体和全民所有制企业，事业单位工作满一年的固定职工，与配偶不住在一起，又不能在公休假日团聚的，可以享受本规定探望配偶的待遇；与父亲、母亲都不住在一起，又不能在公休假日团聚的，可以享受本规定探望父母待遇。但是，职工与父亲或与母亲一方能够在公休假日团聚的，不能享受本规定探望父母的待遇。

《国务院关于职工探亲待遇的规定》第三条规定：

职工探亲假期：

（一）职工探望配偶的，每年给予一方探亲假一次，假期为三十天。

（二）未婚职工探望父母，原则上每年给假一次，假期为二十天，如果因为工作需要，本单位当年不能给予假期，或者职工自愿两年探亲一次，可以两年给假一次，假期为四十五天。

（三）已婚职工探望父母的，每四年给假一次，假期为二十天。

探亲假期是指职工与配偶、父、母团聚的时间，另外，根据实际需要给予路程假。上述假期均包括公休假日和法定节日在内。

《女职工劳动保护特别规定》第七条规定：女职工生育享受 98 天产假，其中产前可以休假 15 天；难产的，增加产假 15 天；生育多胞胎的，每多生育 1 个婴儿，增加产假 15 天。女职工怀孕未满 4 个月流产的，享受 15 天产假；怀孕满 4 个月流产的，享受 42 天产假。

《国家劳动总局、财政部关于国营企业职工请婚丧假和路程假问题的通知》规定：

一、职工本人结婚或职工的直系亲属（父母、配偶和子女）死亡时，可以根据具体情况，由本单位行政领导批准，酌情给予一至三天的婚丧假。

项目二　工资问题

1. 劳动合同中劳动报酬怎样约定？

【解答】

劳动报酬是指劳动者与用人单位建立劳动关系后因提供劳动而获得的报酬，即用人单位依据劳动法律法规以及劳动合同的约定支付给劳动者的工资、奖金、津贴、补贴和福利等。劳动者付出劳动后，用人单位应该向劳动者支付劳动报酬，这是劳动关系的一个重要方面，对于劳动报酬的约定不能违反劳动法律法规的规定。

劳动报酬主要有以下几种：

（1）计时工资：按计时工资标准和工作时间支付给个人的劳动报酬。

（2）计件工资：对已做工作按计件单价支付的劳动报酬。包括：实行超额累进计件、直接无限计件、限额计件、超定额计件等工资制。

（3）奖金：是指支付给职工的超额劳动报酬和增收节支的劳动报酬。

（4）津贴和补贴：为了补偿职工特殊或额外的劳动消耗和因其他特殊原因支付给职工的津贴，以及为了保证职工工资水平不受物价等因素影响支付给职工的物价补贴。

（5）加班加点工资：是指依法支付的加班工资和加点工资。

（6）特殊情况下支付的工资：根据国家法律、法规和政策规定，因病、工伤、产假、停工学习、执行国家或社会义务等原因按工资标准的一定比例支付的工资。

【法律依据】

《关于工资总额组成的规定》第二章第四条规定：

工资总额由下列六个部分组成：

（一）计时工资；

（二）计件工资；

（三）奖金；

（四）津贴和补贴；

（五）加班加点工资；

（六）特殊情况下支付的工资。

2. 不签订书面劳动合同，劳动者的劳动报酬如何支付？

【解答】

用人单位未与劳动者订立书面劳动合同的，劳动者应当与其他职工享有同工同酬的权利，向劳动者支付劳动报酬的标准应该按照《中华人民共和国劳动合同法》第十一条的规定："用人单位未在用工的同时订立书面劳动合同，与劳动者约定的劳动报酬不明确的，新招用的劳动者的劳动报酬按照集体合同规定的标准执行；没有集体合同或者集体合同未规定的，实行同工同酬。"禁止企业违反法律规定任意降低劳动者的报酬，损害劳动者的合法权益。

【法律依据】

《中华人民共和国劳动合同法》第十一条规定：用人单位未在用工的同时订立书面劳动合同，与劳动者约定的劳动报酬不明确的，新招用的劳动者的劳动报酬按照集体合同规定的标准执行；没有集体合同或者集体合同未规定的，实行同工同酬。

3. 试用期间，劳动者的工资如何支付？

【解答】

用人单位不能任意降低试用期内劳动者的工资，根据《中华人民共和国劳动合同法》第二十条规定："劳动者在试用期的工资不得低于本单位相同岗位最低档工资或者劳动合同约定工资的百分之八十，并不得低于用人单位所在地的最低工资标准。"

【法律依据】

《中华人民共和国劳动合同法》第二十条规定：劳动者在试用期的工资不得低于本单位相同岗位最低档工资或者劳动合同约定工资的百分之八十，并不得低于用人单位所在地的最低工资标准。

4. 国家对工资支付有哪些基本规定？

【解答】

根据《工资支付暂行规定》第七条的规定："工资必须在用人单位与劳动者约定的日期支付。如遇节假日或休息日，则应提前在最近的工作日支付。工资至少每月支付一次，实行周、日、小时工资制的可按周、日、小时支付工资。"

关于临时和具体工作的工资支付，根据《工资支付暂行规定》第八条的规定："对完成一次性临时劳动或某项具体工作的劳动者，用人单位应按有关协议或合同规定在其完成劳动任务后即支付工资。"

关于解除或终止劳动合同时的工资支付，根据《工资支付暂行规定》第九条的规定："劳动关系双方依法解除或终止劳动合同时，用人单位应在解除或终止劳动合同时一次付清劳动者工资。"对于非全日制用工，根据《中华人民共和国劳动合同法》第七十二条的规定："非全日制用工小时计酬标准不得低于用人单位所在地人民政府规定的最低小时工资标准。非全日制用工劳动报酬结算支付周期最长不得超过十五日。"

另外必须注意，工资应当以法定货币支付，不得以实物及有价证券替代货币支付。

【法律依据】

《工资支付暂行规定》第七条规定：工资必须在用人单位与劳动者约定的日期支付。如遇节假日或休息日，则应提前在最近的工作日支付。工资至少每月支付一次，实行周、日、小时工资制的可按周、日、小时支付工资。

《工资支付暂行规定》第八条规定：对完成一次性临时劳动或某项具体工作的劳动者，用人单位应按有关协议或合同规定在其完成劳动任务后即支付工资。

《工资支付暂行规定》第九条规定：劳动关系双方依法解除或终止劳动合同时，用人单位应在解除或终止劳动合同时一次付清劳动者工资。

《中华人民共和国劳动合同法》第七十二条规定：非全日制用工小时计酬标准不得低于用人单位所在地人民政府规定的最低小时工资标准。非全日制用工劳动报酬结算支付周期最长不得超过十五日。

5. 用人单位不依法支付劳动报酬的如何处理？

【解答】

劳动者付出劳动后，用人单位应当依法为其支付劳动报酬。如果用人单位未按照劳动合同的约定或者国家规定及时足额支付劳动者劳动报酬或低于当地最低工资标准支付劳动者工资的，根据《中华人民共和国劳动合同法》第八十五条的规定，由劳动行政部门责令限期支付劳动报酬，劳动报酬低于当地最低工资标准的，应当支付其差额部分；逾期不支付的，责令用人单位按应付金额 50% 以上 100% 以下的标准向劳动者加付赔偿金。

这里所说的“最低工资”，根据原劳动部办公厅印发的《关于〈中华人民共和国劳动法〉若干条文的说明》第四十八条的规定，是指劳动者在法定工作时间内履行了正常劳动义务的前提下，由其所在单位支付的最低劳动报酬。最低工资包括了基本工资和奖金、津贴、补贴，但不包括加班加点工资、特殊劳动条件下的津贴，国家规定的社会保险和福利待遇排除在外。

【法律依据】

《中华人民共和国劳动合同法》第八十五条规定：用人单位有下列情形之一的，由劳动行政部门责令限期支付劳动报酬、加班费或者经济补偿；劳动报酬低于当地最低工资标准的，应当支付其差额部分；逾期不支付的，责令用人单位按应付金额百分之五十以上百分之一百以下的标准向劳动者加付赔偿金：

（一）未按照劳动合同的约定或者国家规定及时足额支付劳动者劳动报酬的；

（二）低于当地最低工资标准支付劳动者工资的；

（三）安排加班不支付加班费的；

（四）解除或者终止劳动合同，未依照本法规定向劳动者支付经济补偿的。

6. 劳动者加班加点的，加班费怎么算？

【解答】

根据《中华人民共和国劳动法》第四十四条的规定，有下列法定情形之一的，用人单位应当按照规定的标准支付高于劳动者正常工作时间工资的工资报酬：（1）安排劳动者延长工作时间的，支付不低于工资的150%的工资报酬；（2）休息日安排劳动者工作又不能安排补休的，支付不低于工资的200%的工资报酬；（3）法定休假日安排劳动者工作的，支付不低于工资的300%的工资报酬。

另外，根据相关规定，所谓“工资”，对于实行计时工资的用人单位而言，指的是用人单位规定的其本人的基本工资，其计算方法是：用月基本工资除以月法定工作天数即得日工资，用日工资除以日工作时间即得小时工资。对于实行计件工资的用人单位而言，指的是劳动者在加班加点的工作时间内应得的计件工资。

不能得到足额加班费、权益受到侵犯的劳动者可向劳动行政部门进行举报。按照《中华人民共和国劳动合同法》第八十五条的规定，劳动行政部门将责令用人单位按照规定限期支付加班人员的加班费，逾期不支付的，责令用人单位按应付金额的50%以上100%以下的标准向劳动者加付赔偿金。根据《最高人民法院关于审理劳动争议案件适用法律问题的解释（一）》第四十二条的规定，劳动者主张加班费的，应当就加班事实的存在承担举证责任。但劳动者有证据证明用人单位掌握加班事实存在的证据，用人单位不提供的，由用人单位承担不利后果。

【法律依据】

《中华人民共和国劳动法》第四十四条规定：有下列情形之一的，用人单位应当按照下列标准支付高于劳动者正常工作时间工资的工资报酬：

（一）安排劳动者延长时间的，支付不低于工资的百分之一百五十的工资报酬；

（二）休息日安排劳动者工作又不能安排补休的，支付不低于工资的百分之二百的工资报酬；

（三）法定休假日安排劳动者工作的，支付不低于工资的百分之三百的工资报酬。

《最高人民法院关于审理劳动争议案件适用法律问题的解释（一）》第四十二条规定：劳动者主张加班费的，应当就加班事实的存在承担举证责任。但劳动者有证据证明用人单位掌握加班事实存在的证据，用人单位不提供的，由用人单位承担不利后果。

7. 未完成劳动定额或承包任务，用人单位是否可以低于最低工资标准支付工资？

【解答】

有的用人单位为保证企业的业务量，刺激劳动者的工作积极性，会在劳动合同中约定劳动者每月的最低工作量，达到该工作量才能领取全额工资，超过该工作量可以按照相应比例提成。如果没有完成该工作量，则要扣除部分工资，但是不能够低于当地最低工资标准。

根据原劳动部 1995 年印发的《关于贯彻执行〈中华人民共和国劳动法〉若干问题的意见》第五十六条规定："在劳动合同中，双方当事人约定的劳动者在未完成劳动定额或承包任务的情况下，用人单位可低于最低工资标准支付劳动者工资的条款不具有法律效力。"由此可见，无论劳动者是否完成合同约定的劳动量，用人单位都不得低于最低工资标准支付劳动者工资。

【法律依据】

《关于贯彻执行〈中华人民共和国劳动法〉若干问题的意见》第五十六条规定：在劳动合同中，双方当事人约定的劳动者在未完成劳动定额或承包任务的情况下，用人单位可低于最低工资标准支付劳动者工资的条款不具有法律效力。

8. 职工全年月平均制度工作天数和工资折算是如何计算的？

【解答】

职工全年月平均制度工作天数和工资折算办法计算如下：

（1）制度工作时间的计算：

年工作日：365 天 - 104 天（休息日）- 11 天（法定节假日）= 250 天

季工作日：250 天 ÷ 4 季 = 62.5 天/季

月工作日：250 天 ÷ 12 月 = 20.83 天/月

工作小时数的计算：以月、季、年的工作日乘以每日的 8 小时。

（2）日工资、小时工资的折算：

按照《中华人民共和国劳动法》第五十一条的规定，法定节假日用人单位应当依法支付工资，即折算日工资、小时工资时不剔除国家规定的 11 天法定节假日。据此，日工资、小时工资的折算为：

日工资：月工资收入 ÷ 月计薪天数

小时工资：月工资收入 ÷（月计薪天数 × 8 小时）

月计薪天数 =（365 天 - 104 天）÷ 12 月 = 21.75 天

【法律依据】

《劳动和社会保障部关于职工全年月平均工作时间和工资折算问题的通知》（劳社部发〔2008〕3 号）

一、制度工作时间的计算

年工作日：365 天 - 104 天（休息日）- 11 天（法定节假日）= 250 天

季工作日：250 天 ÷ 4 季 = 62.5 天/季

月工作日：250 天÷12 月 = 20.83 天/月

工作小时数的计算：以月、季、年的工作日乘以每日的 8 小时。

二、日工资和小时工资的折算：

按照《劳动法》第五十一条的规定，法定节假日用人单位应当依法支付工资，即折算日工资、小时工资时不剔除国家规定的 11 天法定节假日。据此，日工资、小时工资的折算为：

日工资：月工资收入 ÷ 月计薪天数

小时工资：月工资收入 ÷（月计薪天数 × 8 小时）

月计薪天数 =（365 天 - 104 天）÷ 12 月 = 21.75 天

项目三　劳动安全卫生问题

1. 农业生产经营主体应当采取哪些措施来保障安全卫生的劳动环境？

【解答】

根据《中华人民共和国劳动法》的规定，安全、卫生的劳动环境是保证劳动者人身安全、保障劳动效率的必要前提，农业生产经营主体应当采取以下措施来保障劳动安全卫生：建立健全劳动安全卫生制度；执行国家劳动安全卫生规程和标准；对劳动者进行劳动安全卫生教育；设置符合国家规定的标准的劳动安全卫生设施；为劳动者提供符合国家规定的劳动安全卫生条件和必要的劳动防护用品；对从事有职业危害作业的劳动者定期进行健康检查。

除了《中华人民共和国劳动法》规定的上述措施外，农业生产经营主体还应当按照《中华人民共和国安全生产法》《中华人民共和国消防法》等有关劳动安全卫生的法律法规的规定，获得相应行政许可，并持续执行有关劳动安全卫生的各项措施。如加强安全生产管理，建立健全全员安全生产责任制和安全生产规章制度，加大对安全生产资金、物资、技术、人员的投入保障力度，改善安全生产条件，加强安全生产标准化、信息化建设，构建安全风险分级管控和隐患排查治理双重预防机制，健全风险防范化解机制等。

【法律依据】

《中华人民共和国劳动法》第五十二条规定：用人单位必须建立、健全劳动安全卫生制度，严格执行国家劳动安全卫生规程和标准，对劳动者进行劳动安全卫生教育，防止劳动过程中的事故，减少职业危害。

《中华人民共和国劳动法》第五十三条规定：劳动安全卫生设施必须符合国家规定的标准。

新建、改建、扩建工程的劳动安全卫生设施必须与主体工程同时设计、同时施工、同时投入生产和使用。

《中华人民共和国安全生产法》第二十条规定：生产经营单位应当具备本法和有关法律、行政法规和国家标准或者行业标准规定的安全生产条件；不具备安全生产条件的，不得从事生产经营活动。

2. 农业生产经营主体是否应当为劳动者提供职业培训？

【解答】

农业生产经营主体应当为劳动者提供职业培训。根据《中华人民共和国劳动法》的规定，农业生产经营主体应当建立职业培训制度，按照国家规定提取和使用职业培训经费，根据本单位实际，有计划地对劳动者进行职业培训。从事技术工种的劳动者，上岗前必须经过培训。从事特种作业的劳动者必须经过专门培训并取得特种作业资格。农业生产经营主体可以为劳动者提供专项培训费用，进行专业技术培训并可以与该劳动者订立协议，约定服务期。对于残疾人，农业生产经营主体应当根据残疾人职工的实际情况，对残疾人职工进行培训。

【法律依据】

《中华人民共和国劳动法》第五十五条规定：从事特种作业的劳动者必须经过专门培训并取得特种作业资格。

《中华人民共和国劳动法》第六十七条规定：各级人民政府应当把发展职业培训纳入社会经济发展的规划，鼓励和支持有条件的企业、事业组织、社会团体和个人进行各种形式的职业培训。

《中华人民共和国劳动法》第六十八条规定：用人单位应当建立职业培训制度，按照国家规定提取和使用职业培训经费，根据本单位实际，有计划地对劳动者进行职业培训。

从事技术工种的劳动者，上岗前必须经过培训。

《中华人民共和国劳动合同法》第二十二条规定：用人单位为劳动者提供专项培训费用，对其进行专业技术培训的，可以与该劳动者订立协议，约定服务期。

劳动者违反服务期约定的，应当按照约定向用人单位支付违约金。违约金的数额不得超过用人单位提供的培训费用。用人单位要求劳动者支付的违约金不得超过服务期尚未履行部分所应分摊的培训费用。

3. 农民工如何享受工伤保险待遇？

【解答】

参加工伤保险、依法享受工伤保险待遇是农民工的基本权益。

根据相关规定，用人单位注册地与生产经营地不在同一统筹地区的，原则上在注册地参加工伤保险。未在注册地参加工伤保险的，在生产经营地参加工伤保险。农民工受到事故伤害或患职业病后，在参保地进行工伤认定、劳动能力鉴定，并按参保地的规定依法享受工伤保险待遇。用人单位在注册地和生产经营地均未参加工伤保险的，农民工受到事故伤害或者患职业病后，在生产经营地进行工伤认定、劳动能力鉴定，并按生产经营地的规定依法由用人单位支付工伤保险待遇。

对跨省流动的农民工，即户籍不在参加工伤保险统筹地区（生产经营地）所在省（自治区、直辖市）的农民工，1 级至 4 级伤残长期待遇的支付，农民工可以在一次性支付和长期支付两种方式中选择一种。在农民工选择一次性或长期支付方式时，支付其工伤保险待遇的社会保险经办机构应说明情况。一次性享受工伤保险长期待遇的，需由农民工本人提出，与用人单位解除或者终止劳动关系，与统筹地区社会保险经办机构签订协议，终止工伤保险关系。

【法律依据】

《关于农民工参加工伤保险有关问题的通知》第二条规定：农民工参加工伤保险、依法享受工伤保险待遇是《工伤保险条例》赋予包括农民工在内的各类用人单位职工的基本权益，各类用人单位招用的农民工均有享受工伤保险待遇的权利。各地要将农民工参加工伤保险，作为今年工伤保险扩面的重要工作，明确任务，抓好落实。凡是与用人单位建立劳动关系的农民工，用人单位必须及时为他们办理参加工伤保险的手续。对用人单位为农民工先行办理工伤保险的，各地经办机构应予办理。今年重点推进建筑、矿山等工伤风险较大、职业危害较重行业的农民工参加工伤保险。

《关于农民工参加工伤保险有关问题的通知》第三条规定：用人单位注册地与生产经营地不在同一统筹地区的，原则上在注册地参加工伤保险。未在注册地参加工伤保险的，在生产经营地参加工伤保险。农民工受到事故伤害或患职业病后，在参保地进行工伤认定、劳动能力鉴定，并按参保地的规定依法享受工伤保险待遇。用人单位在注册地和生产经营地均未参加工伤保险的，农民工受到事故伤害或者患职业病后，在生产经营地进行工伤认定、劳动能力鉴定，并按生产经营地的规定依法由用人单位支付工伤保险待遇。

《关于农民工参加工伤保险有关问题的通知》第四条规定：对跨省流动的农民工，即户籍不在参加工伤保险统筹地区（生产经营地）所在省（自治区、直辖市）的农民工，1 至 4 级伤残长期待遇的支付，可试行一次性支付和长期支付两种方式，供农民工选择。在农民工选择一次性或长期支付方式时，支付其工伤保险待遇的社会保险经办机构应向其说明情况。一次性享受工伤保险长期待遇的，需由农民工本人提出，与用人单位解除或者终止劳动关系，与统筹地区社会保险经办机构签订协议，终止工伤保险关系。1 至 4 级伤残农民工一次性享受工伤保险长期待遇的具体办法和标准由省（自治区、直辖市）劳动保障行政部门制定，报省（自治区、直辖市）人民政府批准。

项目四　女职工和未成年工特殊保护问题

 1. 劳动者必须满多大年龄才可以参加工作?

【解答】

通常只有年满 16 周岁的人才可以参加工作。在我国，招用不满 16 周岁的未成年人，即构成我们通常所说的使用童工。《中华人民共和国劳动法》第十五条规定，禁止用人单位招用未满 16 周岁的未成年人。《禁止使用童工规定》第四条规定，用人单位招用人员时，必须核查被招用人员的身份证；对不满 16 周岁的未成年人，一律不得录用。用人单位录用人员的录用登记、核查材料应当妥善保管。

在特殊的情形下，比如文艺、体育单位经未成年人的父母或者其他监护人同意，可以招用不满 16 周岁的专业文艺工作者、运动员。但是，即使在这种情况下，用人单位也应当保障被招用的不满 16 周岁的未成年人的身心健康，并保障其接受义务教育的权利。

此外，不满 16 周岁的未成年人参加由学校、其他教育、职业培训机构，按照国家有关规定所组织进行的，不影响未成年人安全和健康的教育实践、职业技能培训劳动，也是合法的，即不认为是使用童工。

同时，我国法律也严格禁止任何单位或者个人为不满 16 周岁的未成年人介绍就业。

【法律依据】

《中华人民共和国劳动法》第十五条规定：禁止用人单位招用未满十六周岁的未成年人。

《禁止使用童工规定》第四条规定：用人单位招用人员时，必须核查被招用人员的身份证；对不满 16 周岁的未成年人，一律不得录用。用人单位录用人员的录用登记、核查材料应当妥善保管。

2. 根据《女职工劳动保护特别规定》，女职工禁忌从事的劳动范围具体是哪些？

【解答】

一是女职工禁忌从事的劳动范围：

（1）矿山井下作业；

（2）体力劳动强度分级标准中规定的第四级体力劳动强度的作业；

（3）每小时负重 6 次以上、每次负重超过 20 公斤的作业，或者间断负重、每次负重超过 25 公斤的作业。

二是女职工在经期禁忌从事的劳动范围：

（1）冷水作业分级标准中规定的第二级、第三级、第四级冷水作业；

（2）低温作业分级标准中规定的第二级、第三级、第四级低温作业；

（3）体力劳动强度分级标准中规定的第三级、第四级体力劳动强度的作业；

（4）高处作业分级标准中规定的第三级、第四级高处作业。

三是女职工在孕期禁忌从事的劳动范围：

（1）作业场所空气中铅及其化合物、汞及其化合物、苯、镉、铍、砷、氰化物、氮氧化物、一氧化碳、二硫化碳、氯、己内酰胺、氯丁二烯、氯乙烯、环氧乙烷、苯胺、甲醛等有毒物质浓度超过国家职业卫生标准的作业；

（2）从事抗癌药物、己烯雌酚生产，接触麻醉剂气体等的作业；

（3）非密封源放射性物质的操作，核事故与放射事故的应急处置；

（4）高处作业分级标准中规定的高处作业；

（5）冷水作业分级标准中规定的冷水作业；

（6）低温作业分级标准中规定的低温作业；

（7）高温作业分级标准中规定的第三级、第四级的作业；

（8）噪声作业分级标准中规定的第三级、第四级的作业；

（9）体力劳动强度分级标准中规定的第三级、第四级体力劳动强度的作业；

（10）在密闭空间、高压室作业或者潜水作业，伴有强烈振动的作业，或者需要频繁弯腰、攀高、下蹲的作业。

四是女职工在哺乳期禁忌从事的劳动范围：

（1）孕期禁忌从事的劳动范围的第一项、第三项、第九项；

（2）作业场所空气中锰、氟、溴、甲醇、有机磷化合物、有机氯化合物等有毒物质浓度超过国家职业卫生标准的作业。

【法律依据】

《女职工劳动保护特别规定》第四条规定：用人单位应当遵守女职工禁忌从事的劳动范围的规定。用人单位应当将本单位属于女职工禁忌从事的劳动范围的岗位书面告知女职工。

《女职工劳动保护特别规定》附录。

3.《女职工劳动保护特别规定》对产假作了哪些规范?

【解答】

原《女职工劳动保护规定》规定的女职工产假为 90 天，《中华人民共和国劳动法》规定为“不少于 90 天”。从有利于女职工身体恢复和母乳喂养的角度，《女职工劳动保护特别规定》参照国际劳工组织有关公约关于“妇女须有权享受不少于 14 周的产假”的规定，将生育产假假期延长至 14 周（即 98 天）。

对女职工流产的，原《女职工劳动保护规定》仅原则规定“给予一定时间的产假”，实践中各用人单位掌握的休假时间长短不一。为保障流产女职工的权益，《女职工劳动保护特别规定》参照原劳动部《关于女职工生育待遇若干问题的通知》中关于流产假的档次划分，明确了流产产假，规定：怀孕未满 4 个月流产的，享受 15 天产假；怀孕满 4 个月流产的，享受 42 天（6 周）产假。

【法律依据】

《女职工劳动保护特别规定》第七条规定：女职工生育享受 98 天产假，其中产前可以休假 15 天；难产的，增加产假 15 天；生育多胞胎的，每多生育 1 个婴儿，增加产假 15 天。女职工怀孕未满 4 个月流产的，享受 15 天产假；怀孕满 4 个月流产的，享受 42 天产假。

项目五　社会保险与福利问题

1. 农民工可以参加医疗保险吗？

【解答】

可以。国家有关规定指出，各统筹地区要采取建立大病医疗保险统筹基金的办法，重点解决农民工进城务工期间的住院医疗保障问题。根据当地实际合理确定缴费率，主要由用人单位缴费。完善医疗保险结算办法，为患大病后自愿回原籍治疗的参保农民工提供医疗结算服务。有条件的地方可以直接将稳定就业的农民工纳入城镇职工基本医疗保险。农民工也可自愿参加原籍的新型农村合作医疗。

【法律依据】

《国务院关于解决农民工问题的若干意见》规定：

六、积极稳妥地解决农民工社会保障问题

（十八）抓紧解决农民工大病医疗保障问题。各统筹地区要采取建立大病医疗保险统筹基金的办法，重点解决农民工进城务工期间的住院医疗保障问题。根据当地实际合理确定缴费率，主要由用人单位缴费。完善医疗保险结算办法，为患大病后自愿回原籍治疗的参保农民工提供医疗结算服务。有条件的地方，可直接将稳定就业的农民工纳入城镇职工基本医疗保险。农民工也可自愿参加原籍的新型农村合作医疗。

2. 劳动合同约定社会保险费随工资发放有效吗？

【解答】

无效。社会保险制度是国家为了使劳动者在年老、患病、工伤、失业、生育等情况下获得帮助和补偿而建立的制度，并为此设立了社会保险基金。《中华人民共和国社会保险法》中明确规定，用人单位和劳动者必须依法参加社会保险，缴纳社会保险费。此为法律的强制性规定，任何单位和个人必须遵守，并不得以约定的方式排除其适用。

【法律依据】

《中华人民共和国社会保险法》第四条规定：中华人民共和国境内的用人单位和个人依法缴纳社会保险费，有权查询缴费记录、个人权益记录，要求社会保险经办机构提供社会保险咨询等相关服务。

《中华人民共和国社会保险法》第十条规定：职工应当参加基本养老保险，由用人单位和职工共同缴纳基本养老保险费。

《中华人民共和国社会保险法》第二十三条规定：职工应当参加职工基本医疗保险，由用人单位和职工按照国家规定共同缴纳基本医疗保险费。

《中华人民共和国社会保险法》第三十三条规定：职工应当参加工伤保险，由用人单位缴纳工伤保险费，职工不缴纳工伤保险费。

《中华人民共和国社会保险法》第四十四条规定：职工应当参加失业保险，由用人单位和职工按照国家规定共同缴纳失业保险费。

《中华人民共和国社会保险法》第五十三条规定：职工应当参加生育保险，由用人单位按照国家规定缴纳生育保险费，职工不缴纳生育保险费。

3. 企业是否可以依员工意愿缴纳社会保险？

【解答】

不可以，即使员工写了自愿不缴纳社会保险的保证书，企业依旧不可以依据员工意愿而不缴纳社会保险。依法缴纳社会保险是《中华人民共和国社会保险法》和《中华人民共和国劳动法》规定的劳动关系双方的义务。

《中华人民共和国社会保险法》第四条规定，中华人民共和国境内的用人单位和个人依法缴纳社会保险费，有权查询缴费记录、个人权益记录，要求社会保险经办机构提供社会保险咨询等相关服务。个人依法享受社会保险待遇，有权监督本单位为其缴费情况。《中华人民共和国劳动法》第七十二条规定，社会保险基金按照保险类型确定资金来源，逐步实行社会统筹。用人单位和劳动者必须依法参加社会保险，缴纳社会保险费。可见，依法缴纳社会保险是法律规定的一项强制性义务，即便员工写了保证书也是违法的。根据《中华人民共和国劳动合同法》第三十八条第 3 款的规定，用人单位未依法为劳动者缴纳社会保险的，劳动者可以解除劳动合同，同时，第四十六条第 1 款规定，劳动者依照本法第三十八条规定解除劳动合同的，用人单位应当向劳动者支付经济补偿。

【法律依据】

《中华人民共和国社会保险法》第四条规定：中华人民共和国境内的用人单位和个人依法缴纳社会保险费，有权查询缴费记录、个人权益记录，要求社会保险经办机构提供社会保险咨询等相关服务。个人依法享受社会保险待遇，有权监督本单位为其缴费情况。

《中华人民共和国劳动法》第七十二条规定：社会保险基金按照保险类型确定资金来源，逐步实行社会统筹。用人单位和劳动者必须依法参加社会保险，缴纳社会保险费。

《中华人民共和国劳动合同法》第三十八条第 3 款规定：用人单位有下列情形之一的，劳动者可以解除劳动合同：……（三）未依法为劳动者缴纳社会保险费的。

《中华人民共和国劳动合同法》第四十六条第 1 款规定：有下列情形之一的，用人单位应当向劳动者支付经济补偿：（一）劳动者依照本法第三十八条规定解除劳动合同的。

项目六　劳动争议问题

 1. 农民工可以直接凭欠条向法院提起诉讼吗？

【解答】

为方便农民工依法追索工资，《最高人民法院关于审理劳动争议案件适用法律问题的解释（一）》第十五条明确规定，劳动者以用人单位的工资欠条作为证据可以直接向人民法院起诉，诉讼请求不涉及劳动关系其他争议的，视为拖欠劳动报酬争议，按照普通民事纠纷受理。劳动者以单位的工资欠条作为证据直接向人民法院起诉的行为，已经不是劳动争议纠纷而是明确的债权债务之诉。值得注意的是：这里所谓的“诉讼请求不涉及劳动关系其他争议的”，实际上排除了农民工索要赔偿金的诉讼请求。也就是说，农民工如果要获得赔偿金，按法律规定，必须由劳动保障行政部门责令用人单位向劳动者加付赔偿金，而不能直接向人民法院起诉。

现实生活中，一些用人单位有能力支付工资而拒不支付，致使劳动者为此耗费大量时间、精力，有的甚至因为拖欠行为造成生活十分困难。如果不向劳动者支付赔偿金，将不能弥补劳动者的损失，劳动者的合法权益得不到完全保护，也不利于杜绝侵犯劳动者合法权益事件的发生和惩戒用人单位的违法行为。而且根据《中华人民共和国劳动合同法》第八十五条的规定，用人单位拖欠劳动者工资，劳动行政部门可责令其限期支付；如其逾期仍不支付，劳动行政部门可责令用人单位按应付金额 50% 以上 100% 以下的标准向劳动者加付赔偿金。由此可见，尽管农民工可以直接凭欠条向法院提起诉讼，但若想获得尽可能多的赔偿，还是应当先由劳动保障行政部门处理。

另外，《中华人民共和国劳动合同法》第三十条第 2 款还规定："用人单位拖欠或者未足额支付劳动报酬的，劳动者可以依法向当地人民法院申请支付令，人民法院应当依法发出支付令。"根据《中华人民共和国民事诉讼法》的有关规定，劳动者在申请书中应当写明请求给付劳动报酬的金额和所根据的事实、证据；劳动者提出申请后，人民法院应当在 5 日内通知其是否受理；人民法院受理申请后，经审查劳动者提供的事实、证据，对工资债权债务关系明确、合法的，应当在受理之日起 15 日内向用人单位发出支付令；人民法院经审查认为劳动者的申请不成立的，可以裁定予以驳回；用人单位应当自收到支付令之日起 15 日内清偿债务，或者向人民法院提出书面异议；用人单位在规定的期间不提出异议又不履行支付令的，劳动者可以向人民法院申请执行；人民法院收到用人单位提出的书面异议后，应当裁定终结支付令这一督促程序，支付令自行失效，支付令失效的，转入诉讼程序，但申请支付令的一方当事人不同意提起诉讼的除外。劳动者也可以依据有关法律的规定提出调解、仲裁或者起诉。支付令制度也是手持欠条的农民工可以选择的一项简便易行的法律手段。

【法律依据】

《中华人民共和国劳动合同法》第三十条规定：用人单位应当按照劳动合同约定和国家规定，向劳动者及时足额支付劳动报酬。用人单位拖欠或者未足额支付劳动报酬的，劳动者可以依法向当地人民法院申请支付令，人民法院应当依法发出支付令。

《最高人民法院关于审理劳动争议案件适用法律问题的解释（一）》第十五条规定：劳动者以用人单位的工资欠条为证据直接提起诉讼，诉讼请求不涉及劳动关系其他争议的，视为拖欠劳动报酬争议，人民法院按照普通民事纠纷受理。

《中华人民共和国民事诉讼法》第十七章督促程序。

2. 法律规定的解决劳动争议的途径主要有哪些？

【解答】

根据《中华人民共和国劳动争议调解仲裁法》第四条规定，发生劳动争议，劳动者可以与用人单位协商，也可以请工会或者第三方共同与用人单位协商，达成和解协议。第五条规定，发生劳动争议，当事人不愿协商、协商不成或者达成和解协议后不履行的，可以向调解组织申请调解；不愿调解、调解不成或者达成调解协议后不履行的，可以向劳动争议仲裁委员会申请仲裁；对仲裁裁决不服的，除本法另有规定的外，可以向人民法院提起诉讼。第九条规定，用人单位违反国家规定，拖欠或者未足额支付劳动报酬，或者拖欠工伤医疗费、经济补偿或者赔偿金的，劳动者可以向劳动行政部门投诉，劳动行政部门应当依法处理。

因此，发生劳动争议后，可以通过协商、调解、仲裁和诉讼四种途径解决劳动争议，除此之外，还可以向有关部门投诉，要求有关部门依法处理。

需要注意的是，在这些解决劳动争议的途径中，提起诉讼必须以先进行仲裁为前提条件，但是对用人单位来说，根据《中华人民共和国劳动争议调解仲裁法》第四十七条进行的仲裁裁决为终局裁决，用人单位不服的不得起诉，只能根据该法的第四十九条规定向人民法院申请撤销裁决。

【法律依据】

《中华人民共和国劳动争议调解仲裁法》第四条规定：发生劳动争议，劳动者可以与用人单位协商，也可以请工会或者第三方共同与用人单位协商，达成和解协议。

《中华人民共和国劳动争议调解仲裁法》第五条规定：发生劳动争议，当事人不愿协商、协商不成或者达成和解协议后不履行的，可以向调解组织申请调解；不愿调解、调解不成或者达成调解协议后不履行的，可以向劳动争议仲裁委员会申请仲裁；对仲裁裁决不服的，除本法另有规定的外，可以向人民法院提起诉讼。

《中华人民共和国劳动争议调解仲裁法》第九条规定：用人单位违反国家规定，拖欠或者未足额支付劳动报酬，或者拖欠工伤医疗费、经济补偿或者赔偿金的，劳动者可以向劳动行政部门投诉，劳动行政部门应当依法处理。

3. 劳动者对于用人单位的哪些违法行为可以直接向劳动行政部门投诉？

【解答】

有很多劳动争议案件涉及用人单位违反国家规定，拖欠或者未足额支付劳动报酬、工伤医疗费、经济补偿或者赔偿金等行为，其中不少案件事实清楚，双方对案件的事实不存在争议，但就是以各种理由拖着不支付，对此类案件，由于事实清楚，为了缩短劳动争议处理的时间，节约成本和精力，劳动者不必再走调解、仲裁再诉讼的劳动争议处理程序，可以直接向劳动行政部门进行投诉，由劳动行政部门依法进行处理。所以《劳动争议调解仲裁法》第九条规定，用人单位违反国家规定，拖欠或者未足额支付劳动报酬，或者拖欠工伤医疗费、经济补偿或者赔偿金的，劳动者可以向劳动行政部门投诉，劳动行政部门应当依法处理。

【法律依据】

《中华人民共和国劳动争议调解仲裁法》第九条规定：用人单位违反国家规定，拖欠或者未足额支付劳动报酬，或者拖欠工伤医疗费、经济补偿或者赔偿金的，劳动者可以向劳动行政部门投诉，劳动行政部门应当依法处理。

4. 发生劳动争议后当事人可以到哪些调解组织申请调解？

【解答】

健全劳动争议调解组织，是充分发挥劳动争议调解作用的重要方面。根据《中华人民共和国劳动争议调解仲裁法》第十条的规定，发生劳动争议，当事人可以到下列调解组织申请调解：（1）企业劳动争议调解委员会；（2）依法设立的基层人民调解组织；（3）在乡镇、街道设立的具有劳动争议调解职能的组织。企业劳动争议调解委员会由职工代表和企业代表组成。职工代表由工会成员担任或者由全体职工推举产生，企业代表由企业负责人指定。企业劳动争议调解委员会主任由工会成员或者双方推举的人员担任。

【法律依据】

《中华人民共和国劳动争议调解仲裁法》第十条规定：发生劳动争议，当事人可以到下列调解组织申请调解：

（一）企业劳动争议调解委员会；

（二）依法设立的基层人民调解组织；

（三）在乡镇、街道设立的具有劳动争议调解职能的组织。

企业劳动争议调解委员会由职工代表和企业代表组成。职工代表由工会成员担任或者由全体职工推举产生，企业代表由企业负责人指定。企业劳动争议调解委员会主任由工会成员或者双方推举的人员担任。

5. 申请劳动争议仲裁的时效是多长时间？

【解答】

劳动争议仲裁时效指当事人因劳动争议纠纷要求保护其合法权利，必须在法定的期限内向劳动争议仲裁委员会提出仲裁申请，否则，法律规定消灭其申请仲裁权利的一种时限制度。

《中华人民共和国劳动争议调解仲裁法》第二十七条第 1 款规定，劳动争议申请仲裁的时效期间为一年。仲裁时效期间从当事人知道或者应当知道其权利被侵害之日起计算。

【法律依据】

《中华人民共和国劳动争议调解仲裁法》第二十七条第 1 款规定：劳动争议申请仲裁的时效期间为一年。仲裁时效期间从当事人知道或者应当知道其权利被侵害之日起计算。

6. 什么是一裁终局？对于哪些劳动争议仲裁裁决实行一裁终局？

【解答】

一裁终局制度是劳动争议经仲裁庭裁决后即行终结，裁决书自作出之日起发生法律效力，当事人不得就同一争议事项再向仲裁委员会申请仲裁或向法院起诉的制度。

《中华人民共和国劳动争议调解仲裁法》第四十七条规定，下列劳动争议，除本法另有规定的外，仲裁裁决为终局裁决，裁决书自作出之日起发生法律效力：

（1）追索劳动报酬、工伤医疗费、经济补偿或者赔偿金，不超过当地月最低工资标准十二个月金额的争议；

（2）因执行国家的劳动标准在工作时间、休息休假、社会保险等方面发生的争议。

另外，在司法实践中，一是劳动报酬主要包括以下分项：① 计时（件）工资（含病假工资、停工留薪期工资、基本生活费等特殊情况下支付的工资）以及与该分项相关联的经济补偿金或赔偿金；② 奖金以及与该分项相关联的经济补偿金或赔偿金；③ 津贴和补贴以及与该分项相关联的经济补偿金或赔偿金；④ 加班工资以及与该分项相关联的经济补偿金或赔偿金。

二是工伤医疗费主要包括挂号费、检查费、治疗费、化验费、手术费、住院费、药费、住院伙食补助费、跨统筹地区就医的食宿费、交通费或者与工伤职业病治疗有关的费用等。

三是经济补偿金主要包括以下分项：① 解除/终止劳动合同的经济补偿金；② 未提前三十日书面通知解除劳动合同的一个月工资；③ 未休带薪年休假工资报酬差额；④ 竞业限制补偿金。

四是赔偿金主要包括以下分项：① 违法解除/终止劳动合同的赔偿金；②未提前三十日书面通知终止劳动合同的赔偿金；③ 未签订书面劳动合同的二倍工资差额；④ 违法约定试用期的赔偿金。

【法律依据】

《中华人民共和国劳动争议调解仲裁法》第四十七条：下列劳动争议，除本法另有规定的外，仲裁裁决为终局裁决，裁决书自作出之日起发生法律效力：

（一）追索劳动报酬、工伤医疗费、经济补偿或者赔偿金，不超过当地月最低工资标准十二个月金额的争议；

（二）因执行国家的劳动标准在工作时间、休息休假、社会保险等方面发生的争议。

模块六

劳动合同问题

项目一　劳动合同订立问题

1. 劳动合同应当何时订立?

【解答】

《中华人民共和国劳动合同法》第十条中规定:“建立劳动关系，应当订立书面劳动合同。已建立劳动关系，未同时订立书面劳动合同的，应当自用工之日起一个月内订立书面劳动合同。”

由此可见,《中华人民共和国劳动合同法》对签订劳动合同的时间作了明确的界定，自用工之日起一个月内必须订立劳动合同。需要注意的是,《中华人民共和国劳动合同法》出台之前的《中华人民共和国劳动法》没有规定订立劳动合同的具体时间，而仅仅在第九十八条规定了故意拖延不订立劳动合同的法律责任——由劳动行政部门责令改正和造成损害应予赔偿。但在《中华人民共和国劳动合同法》出台后，劳动合同的订立时间不仅确定了，同时也统一了。

另外,《中华人民共和国劳动合同法》还大大加重了迟延订立劳动合同的法律责任。根据《劳动合同法》第八十二条和第十四条第 3 款的规定，若用人单位自用工之日起超过一个月不满一年未与劳动者订立书面劳动合同的，应当向劳动者每月支付二倍的工资；若用人单位自用工之日起满一年不与劳动者订立书面劳动合同的，则视为用人单位与劳动者已订立无固定期限劳动合同，这便意味着只要不出现法定的可以解除劳动合同的情况，用人单位与劳动者的劳动关系就应存续至劳动者退休为止。另外，根据《中华人民共和国劳动合同法》第四十一条的规定，在裁减人员时，订立无固定期限劳动合同的劳动者有优先留用权。由此可见，劳动合同的订立时间必须引起劳动者的高度重视。

【法律依据】

《中华人民共和国劳动合同法》第十条规定：建立劳动关系，应当订立书面劳动合同。

《中华人民共和国劳动合同法》第十四条规定：无固定期限劳动合同，是指用人单位与劳动者约定无确定终止时间的劳动合同。

用人单位与劳动者协商一致，可以订立无固定期限劳动合同。有下列情形之一，劳动者提出或者同意续订、订立劳动合同的，除劳动者提出订立固定期限劳动合同外，应当订立无固定期限劳动合同：

（一）劳动者在该用人单位连续工作满十年的；

（二）用人单位初次实行劳动合同制度或者国有企业改制重新订立劳动合同时，劳动者在该用人单位连续工作满十年且距法定退休年龄不足十年的；

（三）连续订立二次固定期限劳动合同，且劳动者没有本法第三十九条和第四十条第一项、第二项规定的情形，续订劳动合同的。

用人单位自用工之日起满一年不与劳动者订立书面劳动合同的，视为用人单位与劳动者已订立无固定期限劳动合同。

《中华人民共和国劳动合同法》第四十一条规定：有下列情形之一，需要裁减人员二十人以上或者裁减不足二十人但占企业职工总数百分之十以上的，用人单位提前三十日向工会或者全体职工说明情况，听取工会或者职工的意见后，裁减人员方案经向劳动行政部门报告，可以裁减人员：

（一）依照企业破产法规定进行重整的；

（二）生产经营发生严重困难的；

（三）企业转产、重大技术革新或者经营方式调整，经变更劳动合同后，仍需裁减人员的；

（四）其他因劳动合同订立时所依据的客观经济情况发生重大变化，致使劳动合同无法履行的。

裁减人员时，应当优先留用下列人员：

（一）与本单位订立较长期限的固定期限劳动合同的；

（二）与本单位订立无固定期限劳动合同的；

（三）家庭无其他就业人员，有需要扶养的老人或者未成年人的。

用人单位依照本条第一款规定裁减人员，在六个月内重新招用人员的，应当通知被裁减的人员，并在同等条件下优先招用被裁减的人员。

《中华人民共和国劳动合同法》第八十二条规定：用人单位自用工之日起超过一个月不满一年未与劳动者订立书面劳动合同的，应当向劳动者每月支付二倍的工资。

用人单位违反本法规定不与劳动者订立无固定期限劳动合同的，自应当订立无固定期限劳动合同之日起向劳动者每月支付二倍的工资。

2. 劳动合同的订立可以采用哪些形式?

【解答】

《中华人民共和国劳动法》第十九条中规定:“劳动合同应当以书面形式订立。”《中华人民共和国劳动合同法》第十条第 1 款中规定:“建立劳动关系,应当订立书面劳动合同。”可见根据法律规定,通常情况下,用人单位与劳动者应当签订书面的劳动合同,通过书面形式明确双方的权利和义务。书面的劳动合同是劳动者维护自身合法权益的有利证据,也是劳动关系成立的重要依据。

另外,在法律有特殊规定下,双方当事人也可以通过其他方式订立劳动合同。比如,《中华人民共和国劳动合同法》第六十九条规定,非全日制用工双方当事人可以订立口头协议。非全日制用工,是指以小时计酬为主,劳动者在同一用人单位一般平均每日工作时间不超过四小时,每周工作时间累计不超过二十四小时的用工形式。其实,从预防劳动争议发生的角度,非全日制劳动者可以向用人单位提出订立书面非全日制劳动合同,明确其工作时间和双方的劳动权利义务。

【法律依据】

《中华人民共和国劳动合同法》第十条规定:建立劳动关系,应当订立书面劳动合同。

已建立劳动关系,未同时订立书面劳动合同的,应当自用工之日起一个月内订立书面劳动合同。

用人单位与劳动者在用工前订立劳动合同的,劳动关系自用工之日起建立。

《中华人民共和国劳动合同法》第六十九条规定:非全日制用工双方当事人可以订立口头协议。

从事非全日制用工的劳动者可以与一个或者一个以上用人单位订立劳动合同;但是,后订立的劳动合同不得影响先订立的劳动合同的履行。

3. 不签订书面劳动合同,用人单位应当承担什么法律责任?

【解答】

即便不订立劳动合同,用人单位和劳动者双方之间仍然可以认定劳动关系,但是对于处于相对弱势地位的劳动者来说,订立书面的劳动合同是有效维护自身利益的依据。从此角度考虑,法律规定用人单位不与劳动者签订书面劳动合同的,用人单位应当支付双倍的工资。根据《中华人民共和国劳动合同法》第八十二条规定:“用人单位自用工之日起超过一个月不满一年未与劳动者订立书面劳动合同的，应当向劳动者每月支付二倍的工资。用人单位违反本法规定不与劳动者订立无固定期限劳动合同的，自应当订立无固定期限劳动合同之日起向劳动者每月支付二倍的工资。”

那么，如果用人单位在新招录劳动者后，长期不签订书面劳动合同的怎么办呢？根据《中华人民共和国劳动合同法》第十四条第3款规定：“用人单位自用工之日起满一年不与劳动者订立书面劳动合同的，视为用人单位与劳动者已订立无固定期限劳动合同。”另外，《中华人民共和国劳动合同法实施条例》第七条进一步明确：“用人单位自用工之日起满一年未与劳动者订立书面劳动合同的，自用工之日起满一个月的次日至满一年的前一日应当依照劳动合同法第八十二条的规定向劳动者每月支付两倍的工资，并视为自用工之日起满一年的当日已经与劳动者订立无固定期限劳动合同，应当立即与劳动者补订书面劳动合同。”

【法律依据】

《中华人民共和国劳动合同法》第八十二条规定：用人单位自用工之日起超过一个月不满一年未与劳动者订立书面劳动合同的，应当向劳动者每月支付二倍的工资。

用人单位违反本法规定不与劳动者订立无固定期限劳动合同的，自应当订立无固定期限劳动合同之日起向劳动者每月支付二倍的工资。

《中华人民共和国劳动合同法》第十四条规定：无固定期限劳动合同，是指用人单位与劳动者约定无确定终止时间的劳动合同。

用人单位与劳动者协商一致，可以订立无固定期限劳动合同。有下列情形之一，劳动者提出或者同意续订、订立劳动合同的，除劳动者提出订立固定期限劳动合同外，应当订立无固定期限劳动合同：

（一）劳动者在该用人单位连续工作满十年的；

（二）用人单位初次实行劳动合同制度或者国有企业改制重新订立劳动合同时，劳动者在该用人单位连续工作满十年且距法定退休年龄不足十年的；

（三）连续订立二次固定期限劳动合同，且劳动者没有本法第三十九条和第四十条第一项、第二项规定的情形，续订劳动合同的。

用人单位自用工之日起满一年不与劳动者订立书面劳动合同的，视为用人单位与劳动者已订立无固定期限劳动合同。

《中华人民共和国劳动合同法实施条例》第七条规定：用人单位自用工之日起满一年未与劳动者订立书面劳动合同的，自用工之日起满一个月的次日至满一年的前一日应当依照劳动合同法第八十二条的规定向劳动者每月支付两倍的工资，并视为自用工之日起满一年的当日已经与劳动者订立无固定期限劳动合同，应当立即与劳动者补订书面劳动合同。

4. 用人单位在签订劳动合同时，能否向农民工收取抵押金、风险金？

【解答】

不能。签订劳动合同应当遵循平等自愿、协商一致的原则，用人单位不得采取欺骗、威胁等手段与农民工签订劳动合同，不得在签订劳动合同时收取抵押金、风险金。

按照《中华人民共和国劳动合同法》第九条规定，用人单位招用劳动者，不得扣押劳动者的居民身份证和其他证件，不得要求劳动者提供担保或者以其他名义向劳动者收取财物。

【法律依据】

《中华人民共和国劳动合同法》第九条规定：用人单位招用劳动者，不得扣押劳动者的居民身份证和其他证件，不得要求劳动者提供担保或者以其他名义向劳动者收取财物。

5. 农民工不愿与用人单位签订书面劳动合同的，用人单位还需要支付双倍工资吗？

【解答】

如果是劳动者主动不签订劳动合同，在这种情况下，如果再让用人单位承担双倍工资的惩罚性责任，则有失公平。《中华人民共和国劳动合同法实施条例》第五条对此种情形作出了规定，即自用工之日起一个月内，经用人单位书面通知后，劳动者不与用人单位订立书面劳动合同的，用人单位应当书面通知劳动者终止劳动关系，无须向劳动者支付经济补偿，但是应当依法向劳动者支付其实际工作时间的劳动报酬。也就是说，当劳动者拒签劳动合同时，用人单位只有一个月的说服期限，对一个月的期限来临之时仍然拒签的，应当及时地终止双方的劳动关系，这样才能不涉及二倍工资和经济补偿。

【法律依据】

《中华人民共和国劳动合同法实施条例》第五条规定：自用工之日起一个月内，经用人单位书面通知后，劳动者不与用人单位订立书面劳动合同的，用人单位应当书面通知劳动者终止劳动关系，无需向劳动者支付经济补偿，但是应当依法向劳动者支付其实际工作时间的劳动报酬。

项目二　劳动合同履行和变更问题

1. 劳动合同的期限有哪几种？

【解答】

劳动合同的期限是劳动合同中一项必备的条款。《中华人民共和国劳动法》第二十条规定："劳动合同的期限分为有固定期限、无固定期限和以完成一定的工作为期限。"《中华人民共和国劳动合同法》第十二条规定："劳动合同分为固定期限劳动合同、无固定期限劳动合同和以完成一定工作任务为期限的劳动合同。"

《中华人民共和国劳动合同法》第十三条规定："固定期限劳动合同，是指用人单位与劳动者约定合同终止时间的劳动合同。"固定期限的劳动合同适用范围比较广，对当事人双方来说使用起来比较灵活方便。

《中华人民共和国劳动合同法》第十四条规定："无固定期限劳动合同，是指用人单位与劳动者约定无确定终止时间的劳动合同。"无固定期限劳动合同一般适用于技术性和专业性强的行业，对用人单位来说，有利于维护企业的稳定和发展，对劳动者来说，有利于实现稳定的就业。

《中华人民共和国劳动合同法》第十五条规定："以完成一定工作任务为期限的劳动合同，是指用人单位与劳动者约定以某项工作的完成为合同期限的劳动合同。"从性质上来说，以完成一定工作任务为期限的合同，算是固定期限劳动合同的特殊形式。

【法律依据】

《中华人民共和国劳动合同法》第十二条规定：劳动合同分为固定期限劳动合同、无固定期限劳动合同和以完成一定工作任务为期限的劳动合同。

《中华人民共和国劳动合同法》第十三条规定：固定期限劳动合同，是指用人单位与劳动者约定合同终止时间的劳动合同。

《中华人民共和国劳动合同法》第十四条规定：无固定期限劳动合同，是指用人单位与劳动者约定无确定终止时间的劳动合同。

《中华人民共和国劳动合同法》第十五条规定：以完成一定工作任务为期限的劳动合同，是指用人单位与劳动者约定以某项工作的完成为合同期限的劳动合同。

2. 劳动合同期内用人单位可以变更劳动者的工作岗位吗？

【解答】

《中华人民共和国劳动合同法》第三十五条第1款规定；“用人单位与劳动者协商一致，可以变更劳动合同约定的内容。变更劳动合同，应当采用书面形式。”由此可见，一般情况下用人单位不得单方决定变更劳动者工作岗位，因为这种变更构成劳动合同的变更，原则上需要通过协商。但是根据《中华人民共和国劳动合同法》第四十条的规定，劳动者不能胜任工作，经过培训或者调整工作岗位，仍不能胜任工作的情形下，用人单位有单方解除劳动合同权。这也就意味着在劳动者不能胜任原岗位的情况下，用人单位有权调整其工作岗位。

另外，根据《中华人民共和国劳动合回法》第四十条的规定，劳动合同订立时所依据的客观情况发生重大变化，致使劳动合同无法履行，经用人单位与劳动者协商，未能就变更劳动合同内容达成协议的，用人单位在提前三十日以书面形式通知劳动者本人或者额外支付劳动者一个月工资后，可以解除劳动合同。由此可以确定，劳动合同订立时所依据的客观情况发生重大变化，是劳动合同变更的一个重要事由。所谓“劳动合同订立时所依据的客观情况发生重大变化”，既包括订立劳动合同所依据的法律、法规已经修改或者废止的情形，也包括用人单位决定转产、调整生产任务或者生产经营项目等情形，还包括劳动者的身体健康状况发生变化、劳动能力部分丧失，所在岗位与其职业技能不相适应等情形。这些情形下都有可能需要用人单位调整劳动者的工作岗位。但是必须注意的是；在“客观情况发生重大变化”的情形下，用人单位并无权单方决定变更劳动合同，还是需要与劳动者协商一致。

【法律依据】

《中华人民共和国劳动合同法》第三十五条规定：用人单位与劳动者协商一致，可以变更劳动合同约定的内容。变更劳动合同，应当采用书面形式。

变更后的劳动合同文本由用人单位和劳动者各执一份。

《中华人民共和国劳动合同法》第四十条规定：有下列情形之一的，用人单位提前三十日以书面形式通知劳动者本人或者额外支付劳动者一个月工资后，可以解除劳动合同：

（一）劳动者患病或者非因工负伤，在规定的医疗期满后不能从事原工作，也不能从事由用人单位另行安排的工作的；

（二）劳动者不能胜任工作，经过培训或者调整工作岗位，仍不能胜任工作的；

（三）劳动合同订立时所依据的客观情况发生重大变化，致使劳动合同无法履行，经用人单位与劳动者协商，未能就变更劳动合同内容达成协议的。

3. 用人单位哪些事项的变更不影响劳动合同的履行？

【解答】

根据《中华人民共和国劳动合同法》第三十三条规定："用人单位变更名称、法定代表人、主要负责人或者投资人等事项，不影响劳动合同的履行。"依法改变用人单位的名称是当事人依法享有的权利，改变名称后用人单位作为劳动合同主体的地位并未改变，因此它不影响劳动合同的履行。法定代表人或者投资人、注册、登记备案等事项，只要不影响到用人单位作为一个独立的用工实体的存在，用人单位就应该按照劳动合同的约定继续履行，禁止用人单位以上列事项的变更来拒绝劳动合同的履行。

【法律依据】

《中华人民共和国劳动合同法》第三十三条规定：用人单位变更名称、法定代表人、主要负责人或者投资人等事项，不影响劳动合同的履行。

项目三　劳动合同解除和终止问题

1. 协商解除劳动合同，用人单位是否应给予经济补偿？

【解答】

《中华人民共和国劳动合同法》第四十六条第 2 款规定，用人单位依照《中华人民共和国劳动合同法》第三十六条规定向劳动者提出解除劳动合同并与劳动者协商一致解除劳动合同的，用人单位应当向劳动者支付经济补偿。

这里请注意，如果是用人单位提出并和劳动者协商一致解除劳动合同的，用人单位应当向劳动者支付经济补偿，但如果是劳动者主动提出和用人单位协商一致解除劳动合同，用人单位可以不支付经济补偿。

【法律依据】

《中华人民共和国劳动合同法》第四十六条规定：有下列情形之一的，用人单位应当向劳动者支付经济补偿：

（一）劳动者依照本法第三十八条规定解除劳动合同的；

（二）用人单位依照本法第三十六条规定向劳动者提出解除劳动合同并与劳动者协商一致解除劳动合同的；

（三）用人单位依照本法第四十条规定解除劳动合同的；

（四）用人单位依照本法第四十一条第一款规定解除劳动合同的；

（五）除用人单位维持或者提高劳动合同约定条件续订劳动合同，劳动者不同意续订的情形外，依照本法第四十四条第一项规定终止固定期限劳动合同的；

（六）依照本法第四十四条第四项、第五项规定终止劳动合同的；

（七）法律、行政法规规定的其他情形。

2. 在哪些情况下劳动者可以随时解除劳动合同？

【解答】

根据《中华人民共和国劳动合同法》第三十八条第1款规定："用人单位有下列情形之一的，劳动者可以解除劳动合同：（一）未按照劳动合同约定提供劳动保护或者劳动条件的；（二）未及时足额支付劳动报酬的；（三）未依法为劳动者缴纳社会保险费的；（四）用人单位的规章制度违反法律、法规的规定，损害劳动者权益的；（五）因本法第二十六条第一款规定的情形致使劳动合同无效的；（六）法律、行政法规规定劳动者可以解除劳动合同的其他情形。"

可见，在劳动者遭受用人单位上述侵害时，不需要提前30天通知用人单位，就可以提出解除劳动合同。

【法律依据】

《中华人民共和国劳动合同法》第三十八条规定：用人单位有下列情形之一的，劳动者可以解除劳动合同：

（一）未按照劳动合同约定提供劳动保护或者劳动条件的；

（二）未及时足额支付劳动报酬的；

（三）未依法为劳动者缴纳社会保险费的；

（四）用人单位的规章制度违反法律、法规的规定，损害劳动者权益的；

（五）因本法第二十六条第一款规定的情形致使劳动合同无效的；

（六）法律、行政法规规定劳动者可以解除劳动合同的其他情形。

用人单位以暴力、威胁或者非法限制人身自由的手段强迫劳动者劳动的，或者用人单位违章指挥、强令冒险作业危及劳动者人身安全的，劳动者可以立即解除劳动合同，不需事先告知用人单位。

3. 解除或终止劳动合同后，用人单位和劳动者如何处理相互关系？

【解答】

根据《中华人民共和国劳动合同法》第五十条规定：“用人单位应当在解除或者终止劳动合同时出具解除或者终止劳动合同的证明，并在十五日内为劳动者办理档案和社会保险关系转移手续。劳动者应当按照双方约定，办理工作交接。用人单位依照本法有关规定应当向劳动者支付经济补偿的，在办结工作交接时支付。用人单位对已经解除或者终止的劳动合同的文本，至少保存二年备查。”

那如果用人单位不依法出具书面证明怎么办？根据《中华人民共和国劳动合同法》第八十九条规定：“用人单位违反本法规定未向劳动者出具解除或者终止劳动合同的书面证明，由劳动行政部门责令改正；给劳动者造成损害的，应当承担赔偿责任。”

【法律依据】

《中华人民共和国劳动合同法》第五十条规定：用人单位应当在解除或者终止劳动合同时出具解除或者终止劳动合同的证明，并在十五日内为劳动者办理档案和社会保险关系转移手续。

劳动者应当按照双方约定，办理工作交接。用人单位依照本法有关规定应当向劳动者支付经济补偿的，在办结工作交接时支付。

用人单位对已经解除或者终止的劳动合同的文本，至少保存二年备查。

《中华人民共和国劳动合同法》第八十九条规定：用人单位违反本法规定未向劳动者出具解除或者终止劳动合同的书面证明，由劳动行政部门责令改正；给劳动者造成损害的，应当承担赔偿责任。

项目四　非全日制用工问题

1. 如何判定用工形式是非全日制用工？

【解答】

非全日制用工与全日制用工最本质的区别就是工作的时间，要明确的是，这里所说的工作时间不同并不是指工作时间的不同，不是指白天上班还是晚上上班，而是指工作小时数的不同。在我国，全日制的劳动者平均每天工作一般不超过 8 小时，每周工作一般不超过 40 小时；而非全日制劳动者在同一用人单位平均每天工作时间一般不超过 4 小时，每周工作时间累计一般不超过 24 小时。同时，全日制用工一般按日计薪，工资不得低于月最低工资，而非全日制用工则是以小时计酬，其工资只要不低于最低小时工资即可，并且工资结算支付的周期通常最长也不超过 15 天。

【法律依据】

《中华人民共和国劳动合同法》第六十八条规定：非全日制用工，是指以小时计酬为主，劳动者在同一用人单位一般平均每日工作时间不超过四小时，每周工作时间累计不超过二十四小时的用工形式。

《中华人民共和国劳动合同法》第七十二条规定：非全日制用工小时计酬标准不得低于用人单位所在地人民政府规定的最低小时工资标准。

非全日制用工劳动报酬结算支付周期最长不得超过十五日。

2. 非全日制用工的劳动者的劳动报酬如何支付?

【解答】

根据《中华人民共和国劳动合同法》第七十二条第 2 款规定：“非全日制用工劳动报酬结算支付周期最长不得超过十五日。”

2003 年发布的《劳动和社会保障部关于非全日制用工若干问题的意见》中规定，用人单位应当按时足额支付非全日制劳动者的工资。用人单位支付非全日制劳动者的小时工资不得低于当地政府颁布的小时最低工资标准。非全日制用工的工资支付可以按小时、日、周或半月为单位结算。

【法律依据】

《中华人民共和国劳动合同法》第七十二条规定：非全日制用工小时计酬标准不得低于用人单位所在地人民政府规定的最低小时工资标准。

非全日制用工劳动报酬结算支付周期最长不得超过十五日。

3. 非全日制用工的劳动者的社会保险费如何缴纳?

【解答】

非全日制用工的劳动者与用人单位之间建立的是劳动关系，也应依照法律规定缴纳社会保险。但是非全日制工作的劳动者的社会保险费的缴纳不同于全日制职工社会保险费的缴纳：

（1）从事非全日制工作的劳动者应当参加基本养老保险，原则上参照个体工商户的参保办法执行。对于已参加过基本养老保险和建立个人账户的人员，前后缴费年限合并计算，跨统筹地区转移的，应办理基本养老保险关系和个人账户的转移、接续手续。符合退休条件时，按国家规定计发基本养老金。

（2）从事非全日制工作的劳动者可以以个人身份参加基本医疗保险，并按照待遇水平与缴费水平相挂钩的原则，享受相应的基本医疗保险待遇。参加基本医疗保险的具体办法由各地劳动保障部门研究制定。

（3）用人单位应当按照国家有关规定为建立劳动关系的非全日制劳动者缴纳工伤保险费。从事非全日制工作的劳动者发生工伤，依法享受工伤保险待遇；被鉴定为伤残 5 ~ 10 级的，经劳动者与用人单位协商一致，可以一次性结算伤残待遇及有关费用。

【法律依据】

《劳动和社会保障部关于非全日制用工若干问题的意见》第三条：关于非全日制用工的社会保险

10. 从事非全日制工作的劳动者应当参加基本养老保险，原则上参照个体工商户的参保办法执行。对于已参加过基本养老保险和建立个人账户的人员，前后缴费年限合并计算，跨统筹地区转移的，应办理基本养老保险关系和个人账户的转移、接续手续。符合退休条件时，按国家规定计发基本养老金。

11. 从事非全日制工作的劳动者可以以个人身份参加基本医疗保险，并按照待遇水平与缴费水平相挂钩的原则，享受相应的基本医疗保险待遇。参加基本医疗保险的具体办法由各地劳动保障部门研究制定。

12. 用人单位应当按照国家有关规定为建立劳动关系的非全日制劳动者缴纳工伤保险费。从事非全日制工作的劳动者发生工伤，依法享受工伤保险待遇；被鉴定为伤残 5~10 级的，经劳动者与用人单位协商一致，可以一次性结算伤残待遇及有关费用。

模块七

公司经营问题

项目一　有限责任公司设立问题

1. 出资人没有资金，是否能以提供技术支持的方式出资？

【解答】

出资人没有资金，是可以考虑以提供技术支持的方式来出资的。然而，需要注意的是，并非所有的“技术”都可以作为出资的“标的”，这是一个容易混淆的法律问题。在考虑以技术作价出资时，需要明确技术的具体内容和价值，以及其在公司运营中的作用。此外，还要注意技术出资的比例限制。

【法律依据】

《中华人民共和国公司法》第二十七条规定：股东可以用货币出资，也可以用实物、知识产权、土地使用权等可以用货币估价并可以依法转让的非货币财产作价出资；但是，法律、行政法规规定不得作为出资的财产除外。

对作为出资的非货币财产应当评估作价，核实财产，不得高估或者低估作价。法律、行政法规对评估作价有规定的，从其规定。

 2. 公司章程的内容可以自由决定吗？

【解答】

公司章程是股东共同一致的意思表示，载明了公司组织和活动的基本准则，是公司的宪章。具体可自行约定的事项包括以下内容：（1）经营范围：公司的经营范围由公司章程规定，并依法登记。公司可以修改公司章程，改变经营范围，但是应当办理变更登记。（2）法定代表人：公司法定代表人依照公司章程的规定，由董事长、执行董事或者经理担任，并依法登记。公司法定代表人变更，应当办理变更登记。(3)对外投资或对外担保：公司向其他企业投资或者为他人提供担保，依照公司章程的规定，由董事会或者股东会、股东大会决议；公司章程对投资或者担保的总额及单项投资或者担保的数额有限额规定的，不得超过规定的限额。(4)股东的出资额：股东应当按期足额缴纳公司章程中规定的各自所认缴的出资额。

【法律依据】

《中华人民共和国公司法》第二十五条规定：有限责任公司章程应当载明下列事项：

(一)公司名称和住所；

(二)公司经营范围；

(三)公司注册资本；

(四)股东的姓名或者名称；

(五)股东的出资方式、出资额和出资时间；

(六)公司的机构及其产生办法、职权、议事规则；

(七)公司法定代表人；

(八)股东会会议认为需要规定的其他事项。

股东应当在公司章程上签名、盖章。

3. 有限责任公司股东的出资是否可以不用实际到账？

【解答】

有限责任公司的股东必须履行实缴出资的义务，这可以理解为对公司债务负责的义务。如果股东没有按照公司章程规定缴纳出资，公司有权向该股东追索。假如私下协商无果，公司还可以选择向法院提起诉讼要求该股东缴纳出资。

【法律依据】

《中华人民共和国公司法》第二十八条规定：股东应当按期足额缴纳公司章程中规定的各自所认缴的出资额。股东以货币出资的，应当将货币出资足额存入有限责任公司在银行开设的账户；以非货币财产出资的，应当依法办理其财产权的转移手续。

股东不按照前款规定缴纳出资的，除应当向公司足额缴纳外，还应当向已按期足额缴纳出资的股东承担违约责任。

4. 有限责任公司股东可以随意查阅公司会计账簿吗？

【解答】

有限责任公司股东可以要求查阅公司会计账簿，但需要向公司提出书面请求并说明目的。如果公司认为股东查阅会计账簿有不正当目的，可能损害公司合法利益，可以拒绝提供查阅。

【法律依据】

《中华人民共和国公司法》第三十三条规定：股东有权查阅、复制公司章程、股东会会议记录、董事会会议决议、监事会会议决议和财务会计报告。

股东可以要求查阅公司会计账簿。股东要求查阅公司会计账簿的，应当向公司提出书面请求，说明目的。公司有合理根据认为股东查阅会计账簿有不正当目的，可能损害公司合法利益的，可以拒绝提供查阅，并应当自股东提出书面请求之日起十五日内书面答复股东并说明理由。公司拒绝提供查阅的，股东可以请求人民法院要求公司提供查阅。

项目二　有限责任公司股权转让问题

1. 有限责任公司股东可以自由转让其股权吗？

【解答】

在有限责任公司中，股东之间的股权转让是可以进行的，他们可以相互之间自由地转让全部或部分股权。如果股东想要将其股权转让给公司以外的人，那么需要得到其他股东中过半数的同意。在进行股权转让时，股东应将此事以书面形式通知其他股东并征求他们的同意。如果其他股东在接到书面通知后的三十日内未做出答复，则视为他们已经同意此次股权转让。

此外，有限责任公司的股东在进行股权转让时，有两种方式可供选择：一种是将股权转让给其他的现有股东，即在公司内部的股权转让；另一种是将股权转让给现有的股东以外的其他投资者，也就是公司外部的股权转让。

值得注意的是，如果其他股东中有半数以上不同意这次股权转让，那么不同意的股东必须购买该被转让的股权；如果他们不购买，则视为他们同意这次股权转让。同时，如果经股东同意进行转让的股权，在同等条件下，其他股东有优先购买权。如果有两个以上的股东都主张行使优先购买权，那么他们需要通过协商确定各自的购买比例；如果协商不成，那么按照他们在转让时各自的出资比例来行使优先购买权。当然，如果公司章程对股权转让有特别的规定，那么就按照公司章程的规定进行。

【法律依据】

《中华人民共和国公司法》第七十一条规定：有限责任公司的股东之间可以相互转让其全部或者部分股权。

股东向股东以外的人转让股权，应当经其他股东过半数同意。股东应就其股权转让事项书面通知其他股东征求同意，其他股东自接到书面通知之日起满三十日未答复的，视为同意转让。其他股东半数以上不同意转让的，不同意的股东应当购买该转让的股权；不购买的，视为同意转让。

经股东同意转让的股权，在同等条件下，其他股东有优先购买权。两个以上股东主张行使优先购买权的，协商确定各自的购买比例；协商不成的，按照转让时各自的出资比例行使优先购买权。

公司章程对股权转让另有规定的，从其规定。

2. 有限责任公司股东死亡的，其股权如何处理?

【解答】

在有限责任公司中，股东的股权处理方式取决于具体的情况。如果公司章程没有另外规定，那么当自然人股东去世后，其合法继承人有权继承该股东的资格。换句话说，股东死亡后的股权属于遗产的一部分，可以被其合法继承人继承。然而，如果公司章程有特别规定关于股权的处理方式，应按照公司章程的规定来执行。例如，如果公司章程规定禁止股权继承，那么合法继承人只能通过转让股权来实现财产继承。

当其他股东不同意某人继承已去世的股东的资格时，一般采用股权转让的方法处理股权。此外，如果合法继承人与公司或其他股东之间就股权继承问题发生争议，他们可以选择向法院提起诉讼来解决。

【法律依据】

《中华人民共和国公司法》第七十五条规定：自然人股东死亡后，其合法继承人可以继承该股东的资格，但是，公司章程另有规定的除外。

3. 股权转让中，股东的优先权体现在哪些地方?

【解答】

在有限责任公司的股权转让过程中，股东的优先权主要体现在以下几个方面：

首先，股东对外出售持有的股权时，其他股东享有同等条件下优先购买该拟对外出售的股权的权利，这就是所谓的“优先购买权”。需要注意的是，这个优先购买权仅限于对外出售股权，对于股东内部转让股权，其他股东是没有优先购买权的。

其次，当股东决定转让其股权时，应当书面通知其他股东并征求他们的同意。如果其他股东在接到书面通知之日起三十日内未答复，则视为他们已经同意这次股权转让。然而，如果其他股东中半数以上不同意这次股权转让，那么不同意的股东有义务购买该被转让的股权；如果他们不购买，则视为他们同意这次股权转让。

最后，当股东决定向非股东转让股权时，公司和其他股东都应被告知拟受让人和拟转让价格条件。公司需要召开股东会以征求其他股东的同意。如果公司未能及时召开股东会，那么拟转让股权的股东可以分别以书面形式征求其他股东的同意，请求他们在确定的期限内答复。

【法律依据】

《中华人民共和国公司法》第七十二条规定：人民法院依照法律规定的强制执行程序转让股东的股权时，应当通知公司及全体股东，其他股东在同等条件下有优先购买权。其他股东自人民法院通知之日起满二十日不行使优先购买权的，视为放弃优先购买权。

项目三　股份有限责任公司设立问题

1. 对股份有限公司的人数有无限制?

【解答】

股份有限公司的人数没有限制，但是对设立股份有限公司的发起人数量有所限制。

【法律依据】

《中华人民共和国公司法》第七十八条规定：设立股份有限公司，应当有二人以上二百人以下为发起人，其中须有半数以上的发起人在中国境内有住所。

2. 股份有限公司的创立大会可以只由发起人组成吗？

【解答】

不可以。创立大会是股份有限公司在成立前由发起人主持召开的大会，它的主要职责包括审议公司筹办情况报告，通过公司章程，选举首届董事会和监事会，审核公司设立费用等。创立大会应由发起人、认股人组成。

【法律依据】

《中华人民共和国公司法》第八十九条规定：发行股份的股款缴足后，必须经依法设立的验资机构验资并出具证明。发起人应当自股款缴足之日起三十日内主持召开公司创立大会。创立大会由发起人、认股人组成。

发行的股份超过招股说明书规定的截止期限尚未募足的，或者发行股份的股款缴足后，发起人在三十日内未召开创立大会的，认股人可以按照所缴股款并加算银行同期存款利息，要求发起人返还。

《中华人民共和国公司法》第九十条规定：发起人应当在创立大会召开十五日前将会议日期通知各认股人或者予以公告。创立大会应有代表股份总数过半数的发起人、认股人出席，方可举行。

创立大会行使下列职权：

（一）审议发起人关于公司筹办情况的报告；

（二）通过公司章程；

（三）选举董事会成员；

（四）选举监事会成员；

（五）对公司的设立费用进行审核；

（六）对发起人用于抵作股款的财产的作价进行审核；

（七）发生不可抗力或者经营条件发生重大变化直接影响公司设立的，可以作出不设立公司的决议。

创立大会对前款所列事项作出决议，必须经出席会议的认股人所持表决权过半数通过。

3. 股份有限公司的股份只能由发起人认购吗？

【解答】

在设立股份有限公司的过程中，股份的认购者并非仅限于发起人。根据《中华人民共和国公司法》的规定，有两种设立方式：发起设立和募集设立。

所以，股份有限公司的股份并不只能由发起人认购，社会其他成员也可以通过认购股份的方式参与公司的设立与运营。

【法律依据】

《中华人民共和国公司法》第七十七条规定：股份有限公司的设立，可以采取发起设立或者募集设立的方式。

发起设立，是指由发起人认购公司应发行的全部股份而设立公司。

募集设立，是指由发起人认购公司应发行股份的一部分，其余股份向社会公开募集或者向特定对象募集而设立公司。

《中华人民共和国公司法》第八十条规定：股份有限公司采取发起设立方式设立的，注册资本为在公司登记机关登记的全体发起人认购的股本总额。在发起人认购的股份缴足前，不得向他人募集股份。

股份有限公司采取募集方式设立的，注册资本为在公司登记机关登记的实收股本总额。

法律、行政法规以及国务院决定对股份有限公司注册资本实缴、注册资本最低限额另有规定的，从其规定。

《中华人民共和国公司法》第八十三条规定：以发起设立方式设立股份有限公司的，发起人应当书面认足公司章程规定其认购的股份，并按照公司章程规定缴纳出资。以非货币财产出资的，应当依法办理其财产权的转移手续。

发起人不依照前款规定缴纳出资的，应当按照发起人协议承担违约责任。

发起人认足公司章程规定的出资后，应当选举董事会和监事会，由董事会向公司登记机关报送公司章程以及法律、行政法规规定的其他文件，申请设立登记。

《中华人民共和国公司法》第八十四条规定：以募集设立方式设立股份有限公司的，发起人认购的股份不得少于公司股份总数的百分之三十五；但是，法律、行政法规另有规定的，从其规定。

《中华人民共和国公司法》第八十五条规定：发起人向社会公开募集股份，必须公告招股说明书，并制作认股书。认股书应当载明本法第八十六条所列事项，由认股人填写认购股数、金额、住所，并签名、盖章。认股人按照所认购股数缴纳股款。

《中华人民共和国公司法》第八十七条规定：发起人向社会公开募集股份，应当由依法设立的证券公司承销，签订承销协议。

《中华人民共和国公司法》第八十八条规定：发起人向社会公开募集股份，应当同银行签订代收股款协议。

代收股款的银行应当按照协议代收和保存股款，向缴纳股款的认股人出具收款单据，并负有向有关部门出具收款证明的义务。

项目四　股份有限责任公司股份发行和转让问题

 1. 股份有限公司股东可以随意买卖其所持股份吗？

【解答】

根据《中华人民共和国公司法》的规定，股份有限公司的股东在转让股份时，需要遵循一定的法律程序和规定。首先，股东持有的股份可以依法转让。这包含两个主要的含义：一是股份有限公司的股份原则上可以自由转让；二是股份有限公司股份应当“依法转让”。

所谓的“依法转让”，主要涉及到以下几个方面：（1）转让的方式或者场所应当遵守法律规定。（2）根据股票记名与否，转让方式亦有所不同。（3）发起人持股时间的限制。

因此，虽然股份有限公司的股东在一定程度上可以自由买卖股份，但必须严格遵守相关法律法规的规定，并确保股份转让的合法性。

【法律依据】

《中华人民共和国公司法》第一百三十七条规定：股东持有的股份可以依法转让。

《中华人民共和国公司法》第一百三十八条规定：股东转让其股份，应当在依法设立的证券交易场所进行或者按照国务院规定的其他方式进行。

《中华人民共和国公司法》第一百三十九条规定：记名股票，由股东以背书方式或者法律、行政法规规定的其他方式转让；转让后由公司将受让人的姓名或者名称及住所记载于股东名册。

股东大会召开前二十日内或者公司决定分配股利的基准日前五日内，不得进行前款规定的股东名册的变更登记。但是，法律对上市公司股东名册变更登记另有规定的，从其规定。

《中华人民共和国公司法》第一百四十条规定：无记名股票的转让，由股东将该股票交付给受让人后即发生转让的效力。

《中华人民共和国公司法》第一百四十一条规定：发起人持有的本公司股份，自公司成立之日起一年内不得转让。公司公开发行股份前已发行的股份，自公司股票在证券交易所上市交易之日起一年内不得转让。

2. 记名股票可以转让吗？

【解答】

记名股票可以进行转让，但必须遵循一定的程序和规定。首先，记名股票是指在股票票面和股份公司的股东名册上记载股东姓名的股票。转让时，应由股东以背书方式进行，或者按照法律、行政法规规定的其他方式进行。

其次，转让后需要公司将受让人的姓名或者名称及住所记载于公司的股东名册。这就意味着，记名股票的转让并非私人之间的事务，而是需要在公司进行正式登记的公开行为。

因此，虽然记名股票可以转让，但并非可以随意私自转让，必须在遵守相关法律法规并完成必要的手续后进行。

【法律依据】

《中华人民共和国公司法》第一百三十九条规定：记名股票，由股东以背书方式或者法律、行政法规规定的其他方式转让；转让后由公司将受让人的姓名或者名称及住所记载于股东名册。

股东大会召开前二十日内或者公司决定分配股利的基准日前五日内，不得进行前款规定的股东名册的变更登记。但是，法律对上市公司股东名册变更登记另有规定的，从其规定。

3. 股份有限公司的股份转让，股东有优先购买权吗？

【解答】

在股份有限公司中，理论上股东没有优先购买权。这主要是因为股份有限公司更强调公开性、资合性，即公司股东之间的连接点不在于相互之间的信任，而在于资本，因此，为了增强股份的流动性，一般没有设置优先购买权和新股优先认购权。

然而，股份有限公司的公司章程可以规定股东享有优先购买权和新股优先认购权。这意味着，虽然在法律上股份有限公司股东通常没有优先购买权，但具体是否拥有这项权利取决于公司自身的章程规定。

需要注意的是，有限责任公司中的股东是享有优先购买权的，这是为了保护其封闭性和人合性。所以，如果一个有限公司的股东想将股权转让给非股东，那么在同等条件下，其他股东有优先于非股东购买该股权的权利。

【法律依据】

《中华人民共和国公司法》第七十一条规定：有限责任公司的股东之间可以相互转让其全部或者部分股权。

项目五 公司合并、分立、增资、减资问题

1. 公司合并后，各自的债务问题怎么办?

【解答】

在公司合并后，各方的债权和债务应由合并后存续的公司或新设的公司承继。公司合并可以通过吸收合并或者新设合并的方式进行。在吸收合并中，一个公司将另一个公司完全吸收，后者的法律实体将不再存在。在新设合并中，两个或更多的公司同时成为一个新的公司，涉及三个或更多的公司。

在进行公司合并时，合并各方应签订合并协议，并编制资产负债表和财产清单。此外，企业合并各方应按期完成注销、新设登记，并及时通知、公告债权人等法定事项。

如果公司合并导致合并后的公司资产减少或债务增加，从而影响债权人的清偿地位和清偿利益，未到期的债权人有权要求公司提前清偿债务。

总体来说，公司合并涉及复杂的法律程序和多方的利益考虑，因此，建议在进行公司合并前咨询专业的法律人士，以确保合法合规的操作。

【法律依据】

《中华人民共和国公司法》第一百七十三条规定：公司合并，应当由合并各方签订合并协议，并编制资产负债表及财产清单。公司应当自作出合并决议之日起十日内通知债权人，并于三十日内在报纸上公告。债权人自接到通知书之日起三十日内，未接到通知书的自公告之日起四十五日内，可以要求公司清偿债务或者提供相应的担保。

《中华人民共和国公司法》第一百七十四条规定：公司合并时，合并各方的债权、债务，应当由合并后存续的公司或者新设的公司承继。

2. 公司分立对股东权益有何影响？

【解答】

公司分立是一种影响深远的公司变更行为，涉及诸多法律和经济问题。在进行公司分立时，应充分考虑并保护好所有股东的权益。

（1）股权分配：在公司分立过程中，原公司的股东可能会按照一定比例获得新公司的股份。对于持有公司股票的股东来说，这意味着他们可能会在新公司中拥有更多的股权，从而分享新公司未来的盈利。

（2）股东决定权：关于公司分立的决议，涉及原公司减少注册资本的决议，这两种情况都需要经代表三分之二以上表决权的股东表决才能通过。因此，股东对公司分立具有重要的决策权。

（3）股东选择权：从股东选择权的角度来审视公司分立，中小股东的利益也需要得到保护。在进行公司分立时，应充分考虑到所有股东的利益，尤其是中小股东的利益。

（4）资产和负债转移：在公司分立的过程中，被分立公司的资产和负债会转移到新设公司。这可能会影响到公司的财务状况和业绩，从而间接影响到股东的权益。

（5）存续或终止：视公司分立的具体形式，原公司可能会终止其存在或存续。这会对股东产生影响，因为如果原公司终止存在，那么股东可能需要寻找其他投资机会。

【法律依据】

《中华人民共和国公司法》第一百七十五条规定：公司分立，其财产作相应的分割。

公司分立，应当编制资产负债表及财产清单。公司应当自作出分立决议之日起十日内通知债权人，并于三十日内在报纸上公告。

3. 公司增资时，股东必须认缴新资本吗？

【解答】

在公司增资时，股东是否需要认缴新资本取决于具体的公司类型和情况。根据《中华人民共和国公司法》的规定，有限责任公司的股东有权优先按照其实缴的出资比例认缴新增资本，除非全体股东另有约定。这种规定的立法目的是保护股东的比例利益，防止因新股发行导致原有股东的利益被稀释。

对于股份有限公司的股东来说，他们不享有新增资本的优先认缴权。当股份有限公司增资时，股东只需认购新股。

对于有限责任公司来说，增资人出资方式和安排与初始设立时并无区别，其主要法律问题在于确定增资时的目标公司价值、增资额及股权比例。当股东会作出新增资本的认缴决议后，股东需要按照设立有限责任公司缴纳出资的相关规定执行。此外，公司增加注册资本还需向登记机关依照程序办理变更登记手续。

【法律依据】

有限责任公司和股份有限公司的增资问题，主要依据《中华人民共和国公司法》第四十三条进行规定。在公司增资过程中，股东会会议作出修改公司章程、增加或者减少注册资本的决议，必须经代表三分之二以上表决权的股东通过。

项目六　公司解散和清算问题

 1. 股东可以直接向法院请求解散公司吗？

【解答】

股东会会议作出解散公司的决议，必须经代表三分之二以上表决权的股东通过。此外，当公司在“和平情况下”解散时，例如公司章程规定的营业期限届满或者公司章程规定的其他解散事由出现，以及因公司合并等原因，股东也可申请解散公司。还有一种情况是，如果公司的经营管理发生严重困难，继续存续会使股东利益受到重大损失，并且通过其他途径不能解决的，持有公司全部股东表决权的股东也可以向法院请求解散公司。

【法律依据】

《中华人民共和国公司法》第一百八十条规定：

公司因下列原因解散：

（一）公司章程规定的营业期限届满或者公司章程规定的其他解散事由出现；

（二）股东会或者股东大会决议解散；

（三）因公司合并或者分立需要解散；

（四）依法被吊销营业执照、责令关闭或者被撤销；

（五）人民法院依照本法第一百八十二条的规定予以解散。

《中华人民共和国公司法》第一百八十二条规定：公司经营管理发生严重困难，继续存续会使股东利益受到重大损失，通过其他途径不能解决的，持有公司全部股东表决权百分之十以上的股东，可以请求人民法院解散公司。

2. 公司在清算期间，还能进行营业活动吗？

【解答】

在公司清算期间，公司法人身份仍然存续，但不得开展与清算无关的经营活动。此外，清算组在清理公司财产、编制资产负债表和财产清单后，如果发现公司财产不足清偿债务的，应当依法向人民法院申请宣告破产。从另一方面来看，清算组的工作目的是终止公司的全部业务关系，并对公司财产进行核定，因此清算期间不得再进行经营。所以总的来说，公司在清算期间不能继续经营。

【法律依据】

《中华人民共和国公司法》第一百八十三条规定：公司因本法第一百八十条第（一）项、第（二）项、第（四）项、第（五）项规定而解散的，应当在解散事由出现之日起十五日内成立清算组，开始清算。有限责任公司的清算组由股东组成，股份有限公司的清算组由董事或者股东大会确定的人员组成。逾期不成立清算组进行清算的，债权人可以申请人民法院指定有关人员组成清算组进行清算。人民法院应当受理该申请，并及时组织清算组进行清算。

《中华人民共和国公司法》第一百八十六条第3款规定：清算期间，公司存续，但不得开展与清算无关的经营活动。

3. 公司清算后，股东可以优先受偿吗？

【解答】

在公司清算后，财产的分配原则上是优先清偿破产费用和共益债务，之后再按照一定的顺序清偿其他各类债务。股东的权益在这个清偿顺序中并不优先，实际上，在一些规定中，股东的债权甚至被认定为劣后于其他债权人。例如，如果公司发生清算事由，在支付了清算费用、职工的工资、社会保险费用和法定补偿金、缴纳所欠税款、清偿公司债务之后，剩余的财产才会轮到股东。如果公司进入破产程序，剩余财产会先分给债权人和优先股股东，最后才会轮到普通股股东。

【法律依据】

《中华人民共和国公司法》第一百八十六条规定：清算组在清理公司财产、编制资产负债表和财产清单后，应当制定清算方案，并报股东会、股东大会或者人民法院确认。

公司财产在分别支付清算费用、职工的工资、社会保险费用和法定补偿金，缴纳所欠税款，清偿公司债务后的剩余财产，有限责任公司按照股东的出资比例分配，股份有限公司按照股东持有的股份比例分配。

清算期间，公司存续，但不得开展与清算无关的经营活动。公司财产在未依照前款规定清偿前，不得分配给股东。

项目七　侵权责任问题

1. 股东虚假出资怎么办?

【解答】

股东应当按期足额缴纳公司章程中规定的各自所认缴的出资额。如果违反规定未交付货币、实物或者未转移财产权，即构成虚假出资。同时，主观上发起人的虚假出资应为故意，若因过失导致出资不足或没有出资的情况，一般不宜认为发起人虚假出资，发起人应及时补足出资。此外，当虚假出资行为达到数额巨大、后果严重或者其他严重情节时，则构成虚假出资罪，将依照《中华人民共和国刑法》进行处理。

所以，对于股东而言，真实、准确地出资不仅是他们的法定义务，也是保护自身合法权益、维护公司及股东利益、保障市场秩序的有效手段。

【法律依据】

《中华人民共和国公司法》第二十八条规定：股东应当按期足额缴纳公司章程中规定的各自所认缴的出资额。股东以货币出资的，应当将货币出资足额存入有限责任公司在银行开设的账户；以非货币财产出资的，应当依法办理其财产权的转移手续。

股东不按照前款规定缴纳出资的，除应当向公司足额缴纳外，还应当向已按期足额缴纳出资的股东承担违约责任。

《中华人民共和国公司法》第三十条规定：有限责任公司成立后，发现作为设立公司出资的非货币财产的实际价额显著低于公司章程所定价额的，应当由交付该出资的股东补足其差额；公司设立时的其他股东承担连带责任。

 2. 公司在清算时虚假做账怎么办？

【解答】

在公司清算过程中，如果发现有虚假做账的行为，债权人可以主张由有限责任公司的股东、股份有限公司的董事和控股股东，以及公司的实际控制人对公司债务承担清偿责任。

此外，如果公司在清算过程中未能妥善处理应收账款等账务问题，如预计对该债务无法清偿时没有计提坏账准备，或者实际发生损失时没有确认无法收回等，也可能导致债权人权益受损。因此，对于此类情况，债权人同样有权提起诉讼进行维权。对于清算中的虚假做账行为，法律都有明确的规定和处罚措施，旨在保护债权人的合法权益。

【法律依据】

《最高人民法院关于适用〈中华人民共和国公司法〉若干问题的规定（二）》第十九条规定：有限责任公司的股东、股份有限公司的董事和控股股东，以及公司的实际控制人在公司解散后，恶意处置公司财产给债权人造成损失，或者未经依法清算，以虚假的清算报告骗取公司登记机关办理法人注销登记，债权人主张其对公司债务承担相应赔偿责任的，人民法院应依法予以支持。

《最高人民法院关于适用〈中华人民共和国公司法〉若干问题的规定（二）》第二十条规定：公司解散应当在依法清算完毕后，申请办理注销登记。公司未经清算即办理注销登记，导致公司无法进行清算，债权人主张有限责任公司的股东、股份有限公司的董事和控股股东，以及公司的实际控制人对公司债务承担清偿责任的，人民法院应依法予以支持。公司未经依法清算即办理注销登记，股东或者第三人在公司登记机关办理注销登记时承诺对公司债务承担责任，债权人主张其对公司债务承担相应民事责任的，人民法院应依法予以支持。

《中华人民共和国公司法》第二百零四条第二款规定：公司在进行清算时，隐匿财产，对资产负债表或者财产清单作虚假记载或者在未清偿债务前分配公司财产的，由公司登记机关责令改正，对公司处以隐匿财产或者未清偿债务前分配公司财产金额百分之五以上百分之十以下的罚款；对直接负责的主管人员和其他直接责任人员处以一万元以上十万元以下的罚款。

3. 公司是否可以在成立后不营业？

【解答】

根据《中华人民共和国公司法》的规定，公司注册后无正常经营是不被允许的。这是为了维护市场秩序和社会稳定，保障企业的合法权益不受侵害；同时也有利于企业在市场竞争中发展壮大。

此外，对于长期不经营且未报税的公司，工商部门也会在达到一定期限后吊销其营业执照。因此，如果你的公司已经成立但暂无营业打算，建议你按规定进行注销手续，以避免可能的法律风险。

【法律依据】

《中华人民共和国公司法》第二百一十一条规定：公司成立后无正当理由超过六个月未开业的，或者开业后自行停业连续六个月以上的，可以由公司登记机关吊销营业执照。

公司登记事项发生变更时，未依照本法规定办理有关变更登记的，由公司登记机关责令限期登记；逾期不登记的，处以一万元以上十万元以下的罚款。

模块八

农民专业合作社问题

项目一　农民专业合作社设立和登记问题

1. 农民专业合作社是什么？

【解答】

《中华人民共和国农民专业合作社法》对农民专业合作社进行了界定，其包含家庭承包经营、成员构成、组织性质3个层面的含义：

第一，农民专业合作社以农村家庭承包经营为基础。一是农民专业合作社的成员必须以农民为主体，"农民"一般是指有权依法承包由本集体经济组织发包土地的农村集体经济组织成员。二是农民专业合作社的运作和发展不能破坏农村家庭承包经营制度。农村土地的所有权只能归农村集体所有。涉及农村土地流转的农民专业合作社，农民只能以土地经营权向农民专业合作社作价出资，不能以土地承包权作价出资，土地承包权仍在农民手中。

第二，由农产品的生产经营者或者农业生产经营服务的提供者、利用者组成。这明确了合作社的成员构成。一是体现了人们设立和加入农民专业合作社的目的，即通过相互合作，完成单个农户或者个人办不了、办不好，以及办了不合算的事情，通过分工协作和规模效应减少成本，提高效率，增加收益。二是农民专业合作社只能围绕农产品的生产经营或者农业生产经营服务开展业务，不论是农民专业合作社对外开展业务，或者成员与合作社之间的交易，均不能超出这个范围。三是成员与农民专业合作社应有业务交易。农民专业合作社成员之间合作的基础是交易而不是股金，成员获得分红的主要依据是成员与农民专业合作社的交易量（额），而不是出资额。

第三，农民专业合作社是自愿联合、民主管理的组织。一是成立或者加入农民专业合作社必须完全出于自愿，遵循"入社自愿、退社自由"的原则。二是农民专业合作社成员之间地位平等，实行民主管理，成员大会选举和表决，实行"一人一票"制。

【法律依据】

《中华人民共和国农民专业合作社法》第二条规定：本法所称农民专业合作社，是指在农村家庭承包经营基础上，农产品的生产经营者或者农业生产经营服务的提供者、利用者，自愿联合、民主管理的互助性经济组织。

2. 农民专业合作社是否只是同类农产品或同类农业生产经营服务的人才可以设立？

【解答】

为顺应实践发展需要，最新的《中华人民共和国农民专业合作社法》中取消了有关“同类”农产品或者“同类”农业生产经营服务中的“同类”限制，扩大法律调整范围。同时以列举方式扩大农民专业合作社的服务类型，将农村民间工艺及制品、休闲农业和乡村旅游资源的开发经营等新型农民专业合作社，以及农机、植保、水利等专业合作社纳入调整范围。

【法律依据】

《中华人民共和国农民专业合作社法》第二条规定：本法所称农民专业合作社，是指在农村家庭承包经营基础上，农产品的生产经营者或者农业生产经营服务的提供者、利用者，自愿联合、民主管理的互助性经济组织。

《中华人民共和国农民专业合作社法》第3条规定：农民专业合作社以其成员为主要服务对象，开展以下一种或者多种业务：（一）农业生产资料的购买、使用；（二）农产品的生产、销售、加工、运输、贮藏及其他相关服务；（三）农村民间工艺及制品、休闲农业和乡村旅游资源的开发经营等；（四）与农业生产经营有关的技术、信息、设施建设运营等服务。

3. 农民专业合作社成立以后，可以不开展经营活动吗？

【解答】

农民专业合作社设立以后，设立人可以暂时不开展经营活动，但有时间限制。根据我国《中华人民共和国农民专业合作社法》第七十一条的规定，如果农民专业合作社连续2年未从事经营活动的，应当由行政部门吊销其营业执照。本条规定不仅包括从设立起从未从事经营活动满2年，也包括中途中断经营活动满2年。本条规定是为了保证国家的政策落实到位，避免有人创建“空壳社”“挂牌社”等假合作社套取国家的扶助资金，损害了农民专业合作社的名声，侵蚀了国家有限的财政投入。同时根据本法第四十八条的规定，当营业执照被吊销之日起15日内由成员大会推举成员组成清算组，开始解散清算。

【法律依据】

《中华人民共和国农民专业合作社法》第四十八条规定：农民专业合作社因下列原因解散：(一)章程规定的解散事由出现；(二)成员大会决议解散；(三)因合并或者分立需要解散；(四)依法被吊销营业执照或者被撤销。因前款第一项、第二项、第四项原因解散的，应当在解散事由出现之日起十五日内由成员大会推举成员组成清算组，开始解散清算。逾期不能组成清算组的，成员、债权人可以向人民法院申请指定成员组成清算组进行清算，人民法院应当受理该申请，并及时指定成员组成清算组进行清算。

《中华人民共和国农民专业合作社法》第五十三条规定：农民专业合作社接受国家财政直接补助形成的财产，在解散、破产清算时，不得作为可分配剩余资产分配给成员，具体按照国务院财政部门有关规定执行。

《中华人民共和国农民专业合作社法》第七十一条规定：农民专业合作社连续两年未从事经营活动的，吊销其营业执照。

4. 农民专业合作社如何办理登记手续?

【解答】

依法登记是农民专业合作社开展生产经营活动并获得法律保护的重要依据。根据《中华人民共和国农民专业合作社法》规定，设立农民专业合作社，应当向工商行政管理部门提交相关文件，申请设立登记。

农民专业合作社的设立人申请设立登记的，应当向登记机关提交的文件有：(一)登记申请书；(二)全体设立人签名、盖章的设立大会纪要；(三)全体设立人签名、盖章的章程；(四)法定代表人、理事的任职文件及身份证明；(五)出资成员签名、盖章的出资清单；(六)住所使用证明；(七)法律、行政法规规定的其他文件。需要特别注意的是，农民专业合作社向登记机关提交的出资清单，只要有出资成员签名、盖章即可，无需其他机构的验资证明。

申请登记的文件是农民专业合作社显示组织合法存在的证明，也是成员资格和权利有效存在的重要证明，其真实可靠性是保证社会交易安全的必然要求。农民专业合作社向登记机关提供虚假登记材料或者采取其他欺诈手段取得登记的，由登记机关责令改正；情节严重的，撤销登记。

登记程序由申请、审查、核准发照以及公告等几个阶段组成。《中华人民共和国农民专业合作社法》第十六条规定，农民专业合作社登记办法由国务院规定，并明确办理登记不得收取费用。

【法律依据】

《中华人民共和国农民专业合作社法》第十六条第一款规定：设立农民专业合作社，应当向工商行政管理部门提交下列文件，申请设立登记：

（一）登记申请书；

（二）全体设立人签名、盖章的设立大会纪要；

（三）全体设立人签名、盖章的章程；

（四）法定代表人、理事的任职文件及身份证明；

（五）出资成员签名、盖章的出资清单；

（六）住所使用证明；

（七）法律、行政法规规定的其他文件。

《中华人民共和国农民专业合作社法》第七十条规定：农民专业合作社向登记机关提供虚假登记材料或者采取其他欺诈手段取得登记的，由登记机关责令改正，可以处五千元以下罚款；情节严重的，撤销登记或者吊销营业执照。

5. 农民专业合作社登记部门和时限的要求有哪些？登记事项变化又如何处理？

【解答】

《中华人民共和国农民专业合作社法》中对于农民专业合作社的登记做了详细规定。

第一，农民专业合作社的登记机关为工商行政管理部门。

第二，登记时限要求。即登记机关应当自受理登记申请之日起二十日内办理完毕，向符合登记条件的申请者颁发营业执照，登记类型为农民专业合作社（法律新增内容）。登记申请包括设立登记、变更登记和注销登记。登记机关受理登记申请之日起开始计算，所有的登记工作应当在二十日内办理完成。

第三，农民专业合作社法定登记事项变化时农民专业合作社必须到登记机关进行变更登记，这是农民专业合作社的责任和义务。如果没有按照有关规定进行变更登记，则须承担由此产生的法律后果，并受到制裁。法定登记事项变更主要指：经成员大会法定人数表决修改章程；成员及成员出资情况发生变动；法定代表人、理事变更；农民专业合作社的住所地发生变更；以及法律规定的其他情况发生变化。

【法律依据】

《中华人民共和国农民专业合作社法》第十六条第二、三、四、五款规定：登记机关应当自受理登记申请之日起二十日内办理完毕，向符合登记条件的申请者颁发营业执照，登记类型为农民专业合作社。农民专业合作社法定登记事项变更的，应当申请变更登记。登记机关应当将农民专业合作社的登记信息通报同级农业等有关部门。农民专业合作社登记办法由国务院规定。办理登记不得收取费用。

项目二　农民专业合作社成员问题

 1. 农民合作社对于成员资格有什么要求？

【解答】

农民专业合作社是以服务农民为宗旨的互助性经济组织，为此,《中华人民共和国农民专业合作社法》对成员的资格要求有特别的规定。具有民事行为能力的公民，以及从事与农民专业合作社业务直接有关的生产经营活动的企业、事业单位或者社会组织，能够利用农民专业合作社提供的服务，承认并遵守农民专业合作社章程，履行章程规定的入社手续的，可以成为农民专业合作社的成员。但是，具有管理公共事务职能的单位不得加入农民专业合作社。

同时，为确保农民专业合作社中农民占主体地位，农民至少应当占成员总数的百分之八十。成员总数二十人以下的，可以有一个企业、事业单位或者社会组织成员；成员总数超过二十人的，企业、事业单位和社会组织成员不得超过成员总数的百分之五。

【法律依据】

《中华人民共和国农民专业合作社法》第十九条第一款规定：具有民事行为能力的公民，以及从事与农民专业合作社业务直接有关的生产经营活动的企业、事业单位或者社会组织，能够利用农民专业合作社提供的服务，承认并遵守农民专业合作社章程，履行章程规定的入社手续的，可以成为农民专业合作社的成员。但是，具有管理公共事务职能的单位不得加入农民专业合作社。

《中华人民共和国农民专业合作社法》第二十条第一款规定：农民专业合作社的成员中，农民至少应当占成员总数的百分之八十。

成员总数二十人以下的，可以有一个企业、事业单位或者社会组织成员；成员总数超过二十人的，企业、事业单位和社会组织成员不得超过成员总数的百分之五。

2. 要求加入或退出农民专业合作社，应当向谁提出申请？

【解答】

农民专业合作社遵循“入社自由、退社自由”的原则，但是在入社和退社时，应当按照法定程序进行。根据我国《中华人民共和国农民专业合作社法》第二十四条和第二十五条的规定，成员入社和退社的程序不尽相同。入社时，符合成员资格的公民、企业、事业单位或社会组织应当向理事长或理事会提出申请且应当是书面申请，成员大会或成员代表大会表决通过后，才可以成为本社成员。成员大会表决时，根据《中华人民共和国农民专业合作社法》第三十条规定，应当由本社成员表决权总数过半数通过。当成员想要退社时，不仅要向理事长或理事会提出书面申请，还要遵守时间上的限制。成员为公民的，应当在会计年度终了的 3 个月前提出申请；成员为企业、事业单位或者社会组织的，应当在会计年度终了的 6 个月前提出申请。

但如果在本社章程中对提出申请的时间另有规定的，应当遵守章程的规定。

【法律依据】

《中华人民共和国农民专业合作社法》第二十四条规定：符合本法第十九条、第二十条规定的公民、企业、事业单位或者社会组织，要求加入已成立的农民专业合作社，应当向理事长或者理事会提出书面申请，经成员大会或者成员代表大会表决通过后，成为本社成员。

《中华人民共和国农民专业合作社法》第二十五条规定：农民专业合作社成员要求退社的，应当在会计年度终了的三个月前向理事长或者理事会提出书面申请；其中，企业、事业单位或者社会组织成员退社，应当在会计年度终了的六个月前提出；章程另有规定的，从其规定。退社成员的成员资格自会计年度终了时终止。

《中华人民共和国农民专业合作社法》第三十条规定：农民专业合作社召开成员大会，出席人数应当达到成员总数三分之二以上。

成员大会选举或者作出决议，应当由本社成员表决权总数过半数通过；作出修改章程或者合并、分立、解散，以及设立、加入联合社的决议应当由本社成员表决权总数的三分之二以上通过。章程对表决权数有较高规定的，从其规定。

3. 农民专业合作社开除成员，要经过哪些程序？

【解答】

根据我国《中华人民共和国农民专业合作社法》第二十六条的规定，农民专业合作社对本社成员予以除名的事由主要有两个：第一，成员不遵守本社的章程、成员大会或者成员代表大会的决议；第二，成员严重危害其他成员及农民专业合作社利益的。在对成员进行除名时，才能对相应成员予以除名。需要注意的是，在召开成员大会或成员代表大会对成员进行除名之前，该成员应当拥有陈述意见的机会。根据《中华人民共和国农民专业合作社法》第三十条的规定，如果成员大会中同意对该成员进行除名的人数达到本社成员表决权总数的半数以上，对该成员予以除名的决议即告通过，该成员资格自会计年度终了时终止。

【法律依据】

《中华人民共和国农民专业合作社法》第二十六条规定：农民专业合作社成员不遵守农民专业合作社的章程、成员大会或者成员代表大会的决议，或者严重危害其他成员及农民专业合作社利益的，可以予以除名。

成员的除名，应当经成员大会或者成员代表大会表决通过。

在实施前款规定时，应当为该成员提供陈述意见的机会。

被除名成员的成员资格自会计年度终了时终止。

《中华人民共和国农民专业合作社法》第三十条规定：农民专业合作社召开成员大会，出席人数应当达到成员总数三分之二以上。

成员大会选举或者作出决议，应当由本社成员表决权总数过半数通过；作出修改章程或者合并、分立、解散，以及设立、加入联合社的决议应当由本社成员表决权总数的三分之二以上通过。章程对表决权数有较高规定的，从其规定。

4. 农民专业合作社的成员是否均拥有相同的表决权？

【解答】

根据《中华人民共和国农民专业合作社法》规定，农民专业合作社的表决权分两种，一是基本表决权，每名成员均享有，一人一票制，体现农民专业合作社人人平等。二是附加表决权，是为了照顾贡献较大的成员的权利，调动其对合作社多做贡献的积极性而设立的额外享有的权利。附加表决权不得超过基本表决权总数的20%。附加表决权的设立、行使方式和行使范围由章程规定。设置附加表决权的合作社应在每次成员大会时，将享有附加表决权的成员及其享有附加表决权数，告知出席会议的全体成员。

【法律依据】

《中华人民共和国农民专业合作社法》第二十二条第一款规定：农民专业合作社成员大会选举和表决，实行一人一票制，成员各享有一票的基本表决权。

出资额或者与本社交易量（额）较大的成员按照章程规定，可以享有附加表决权。本社的附加表决权总票数，不得超过本社成员基本表决权总票数的百分之二十。享有附加表决权的成员及其享有的附加表决权数，应当在每次成员大会召开时告知出席会议的全体成员。

5. 农民专业合作社及其成员的合法权益有哪些？

【解答】

农民专业合作社的合法权益包括依法成立并获得登记颁证的权利，法人的财产权、债权、知识产权、名称权、名誉权、荣誉权，生产经营自主权，以及依法获得国家扶持和税收优惠的权利等。农民专业合作社成员的合法权益包括选举权、被选举权、参与重大决策权、选择管理者权、投票权、知情权、表达意见权、收益权、入社退社权等。

【法律依据】

《中华人民共和国农民专业合作社法》第七条第二款规定：国家保护农民专业合作社及其成员的合法权益，任何单位和个人不得侵犯。

6. 农民专业合作社从事经营活动的基本义务有哪些？

【解答】

根据《农民专业合作社法》规定，农民专为合作社从事经营活动的基本义务包括以下方面：

一是遵守法律。农民专业合作社的各项经营活动都必须依法进行。

二是遵守社会公德、商业道德。农民合作社是参与社会经济活动、与其他市场主体进行交易的经济实体，应该自觉按照社会公德和商业道德的要求开展经营活动，自觉维护社会公共利益和市场经济秩序。

三是诚实守信。农民专业合作社开展经营活动，必须诚实守信。四是不得从事与章程规定无关的活动。章程是农民合作社组织机构和生产经营活动的基本规则。农民专业合作社要在章程明确的经营活动的行业、经营项目的种类内开展经营。

【法律依据】

《中华人民共和国农民专业合作社法》第八条规定：农民专业合作社从事生产经营活动，应当遵守法律，遵守社会公德、商业道德，诚实守信，不得从事与章程规定无关的活动。

7. 农民可以加入多个农民专业合作社吗?

【解答】

农民可以自由选择加入一个或多个专业合作经济组织，也可以自由申请退出已经加入的合作经济组织。从事多项生产经营的农户，可以选择加入种植业合作社或协会，也可以选择加入养殖业合作社或协会，还可以选择加入手工业合作社或协会。加入专业合作经济组织首先要提出书面申请，经理事会讨论同意后，才能办理入社手续，成为该组织成员。

农民专业合作社成员要求退社的，应当在财务年度终了的三个月前向理事长或者理事会提出，经理事会讨论批准后，才能办理退社手续。

【法律依据】

《中华人民共和国农民专业合作社法》第二十四条规定：符合本法第十九条、第二十条规定的公民、企业、事业单位或者社会组织，要求加入已成立的农民专业合作社，应当向理事长或者理事会提出书面申请，经成员大会或者成员代表大会表决通过后，成为本社成员。

《中华人民共和国农民专业合作社法》第二十五条规定：农民专业合作社成员要求退社的，应当在会计年度终了的三个月前向理事长或者理事会提出书面申请；其中，企业、事业单位或者社会组织成员退社，应当在会计年度终了的六个月前提出；章程另有规定的，从其规定。退社成员的成员资格自会计年度终了时终止。

项目三　农民专业合作社组织结构问题

1. 农民专业合作社的组织机构除成员大会外还有哪些?

【解答】

农民专业合作社的组织机构包括成员大会、理事长或理事会、执行监事或监事会、经理等。其中必须设立的是成员大会和理事长，成员大会为合作社的权力机构，理事长为合作社的法定代表人。监事会等其他组织机构可以根据本社的具体情况，在章程中具体进行设立。

根据我国《中华人民共和国农民专业合作社法》第三十三条规定，理事长、理事、执行监事或监事会成员均应当由成员大会从本社成员中选举产生，需要注意的是，理事长、理事、经理和财务会计人员是不能兼任监事的。这是为了保证监事的独立性，以便更好地对农民专业合作社的经营活动进行监督。同时，根据我国《中华人民共和国农民专业合作社法》第三十七条规定和第三十八条规定，农民专业合作社的理事长、理事、监事、经理不得兼任业务性质相同的其他农民专业合作社的理事长、理事、监事、经理。而执行与农民专业合作社业务有关公务的人员，不得担任农民专业合作社的理事长、理事、监事、经理或者财务会计人员。

根据《中华人民共和国农民专业合作社法》第三十五条的规定，经理和财务会计人员并非直接由成员大会选举产生，而是由理事长或理事会按照成员大会的决定进行聘任的。除此以外，经理还可以按照章程或者理事会的决定聘任合作社的其他人员。在召开成员大会、成员代表大会、理事会、监事会等各项会议时，还应当把会议中涉及的对相关事项的决定制成会议记录，相关人员应当在会议记录上进行签名。

如果合作社在设立大会上并未对组织结构具体事宜进行详细约定，可以在合作社设立以后，通过召开成员大会、理事会、监事会等方式，一一对合作社内部人员进行安排。

【法律依据】

《中华人民共和国农民专业合作社法》第三十三条规定：民专业合作社设理事长一名，可以设理事会。理事长为本社的法定代表人。

农民专业合作社可以设执行监事或者监事会。理事长、理事、经理和财务会计人员不得兼任监事。

理事长、理事、执行监事或者监事会成员，由成员大会从本社成员中选举产生，依照本法和章程的规定行使职权，对成员大会负责。

理事会会议、监事会会议的表决，实行一人一票。

《中华人民共和国农民专业合作社法》第三十四条规定：农民专业合作社的成员大会、成员代表大会、理事会、监事会，应当将所议事项的决定作成会议记录，出席会议的成员、成员代表、理事、监事应当在会议记录上签名。

《中华人民共和国农民专业合作社法》第三十五条规定：农民专业合作社的理事长或者理事会可以按照成员大会的决定聘任经理和财务会计人员，理事长或者理事可以兼任经理。经理按照章程规定或者理事会的决定，可以聘任其他人员。

经理按照章程规定和理事长或者理事会授权，负责具体生产经营活动。

《中华人民共和国农民专业合作社法》第三十七条规定：农民专业合作社的理事长、理事、经理不得兼任业务性质相同的其他农民专业合作社的理事长、理事、监事、经理。

《中华人民共和国农民专业合作社法》第三十八条规定：执行与农民专业合作社业务有关公务的人员，不得担任农民专业合作社的理事长、理事、监事、经理或者财务会计人员。

2. 农民专业合作社成员大会多久召开一次？有急事可以临时召开吗？

【解答】

根据《中华人民共和国农民专业合作社法》第三十一条的规定，农民专业合作社的成员大会每年必须至少召开一次，而具体召开的次数由章程具体进行规定。但是，成员大会的次数并不是固定的，当发生法律所规定的情形时，应当在 20 日内召开临时成员大会。召开临时成员大会的情形主要有以下三种：第一，有 30% 以上的成员提议。第二，执行监事或者监事会提议。第三，章程规定的其他情形。在章程中，可以对具体的紧急情况进行规定，当发生章程规定的情形时，即可召开临时成员大会。

【法律依据】

《中华人民共和国农民专业合作社法》第三十一条规定：农民专业合作社成员大会每年至少召开一次，会议的召集由章程规定。有下列情形之一的，应当在二十日内召开临时成员大会：

（一）百分之三十以上的成员提议；

（二）执行监事或者监事会提议；

（三）章程规定的其他情形。

3. 农民专业合作社成员大会的表决权“通过率”多少为合法有效？

【解答】

根据我国《中华人民共和国农民专业合作社法》第三十条的规定，农民专业合作社要召开成员大会，出席的人数应当达到成员总数的 2/3 以上。也就是说，假如某农民专业合作社总共有成员 60 人，在召开成员大会时出席人数应当至少达到 40 人。出席人数达到要求以后，如果是对农民专业合作社内的领导人员进行选举，或者对合作社内的一般事项进行决议的，本社成员表决权总数过半即可通过。如果是要修改章程，或者合并、分立、解散农民专业合作社，或者设立、加入联合社这几种事项任意其一的，都应当由本社成员表决权总数的 2/3 以上通过才合法有效。

同时，章程还可以对表决权数另行规定，但是只有在章程规定高于法律规定时，才根据章程规定确定表决权数。

【法律依据】

《中华人民共和国农民专业合作社法》第三十条规定：农民专业合作社召开成员大会，出席人数应当达到成员总数三分之二以上。成员大会选举或者作出决议，应当由本社成员表决权总数过半数通过；作出修改章程或者合并、分立、解散，以及设立、加入联合社的决议应当由本社成员表决权总数的三分之二以上通过。章程对表决权数有较高规定的，从其规定。

项目四　农民专业合作社财务管理问题

1. 农民专业合作社管理人员擅自收受回扣的，违法吗？

【解答】

根据我国《中华人民共和国农民专业合作社法》第三十六条规定，农民专业合作社的理事长、理事和管理人员不得接受他人与本社交易的佣金归为己有。如果农民专业合作社的管理人员在交易过程中收受回扣，势必导致交易在不平等的情况下发生，从而侵犯到其他成员的合法权益，给农民专业合作社的利益造成损害。对于此种行为，农民专业合作社有权根据本法的第二十六条的规定，对于收受回扣的理事长、理事和管理人员作出除名的决定。

【法律依据】

《中华人民共和国农民专业合作社法》第二十六条规定：农民专业合作社成员不遵守农民专业合作社的章程、成员大会或者成员代表大会的决议，或者严重危害其他成员及农民专业合作社利益的，可以予以除名。

成员的除名，应当经成员大会或者成员代表大会表决通过。

在实施前款规定时，应当为该成员提供陈述意见的机会。

被除名成员的成员资格自会计年度终了时终止。

《中华人民共和国农民专业合作社法》第三十六条规定：农民专业合作社的理事长、理事和管理人员不得有下列行为：

（一）侵占、挪用或者私分本社资产；

（二）违反章程规定或者未经成员大会同意，将本社资金借贷给他人或者以本社资产为他人提供担保；

（三）接受他人与本社交易的佣金归为己有；

（四）从事损害本社经济利益的其他活动。

理事长、理事和管理人员违反前款规定所得的收入，应当归本社所有；给本社造成损失的，应当承担赔偿责任。

2. 农民专业合作社与成员及非成员的交易是否进行统一核算?

【解答】

根据《中华人民共和国农民合作社法》规定，农民合作社与成员及非成员的交易要分别进行核算。合作社成员与合作社的交易，一般称为内部交易。相对的合作社与非成员的交易，称之为外部交易。与非成员交易必须建立在为成员提供充分服务的基础上，不能因为非成员交易而损害或影响与成员的交易。农民专业合作社自主决定是否为非成员服务，以及为非成员服务的价格等事项。

区分与成员交易和与非成员交易是农民专业合作社财务制度的特点之一。将合作社与成员交易和与非成员交易分开核算,形成两种交易数量或者金额的客观记录，可以使成员及有关部门清晰地了解合作社为成员提供服务的情况，确保合作社履行主要为成员服务的宗旨，保持合作社的互助性经济组织性质，充分发挥其带动成员增收致富的作用。

【法律依据】

《中华人民共和国农民专业合作社法》第四十一条规定：农民专业合作社与其成员的交易、与利用其提供的服务的非成员的交易，应当分别核算。

3. 农民专业合作社对于公积金是如何进行使用的?

【解答】

公积金也可称为储备金、公共积累金，是合作社为了巩固自身的财产基础，提高本社对外信用和预防意外亏损，依照法律和章程的规定，从盈余中积存的资金。农民专业合作社可以根据自身状况，决定是否提取公积金、提取公积金的比例等。公积金从农民专业合作社的当年盈余中提取,比例由章程或者合作社成员大会决定。只有当年合作社有了盈余，即合作社的收入扣除各种费用后还有剩余时，才可以提取公积金。

合作社的公积金有以下用途：一是弥补亏损。在合作社经营状况好的年份，在盈余中提取公积金以弥补以往的亏损或者防备未来的亏损，有利于维持合作社的正常运营和健康发展。二是扩大生产经营。在没有成员增加新投资的情况下，在当年盈余中提取公积金，可以积累扩大生产经营所需要的资金。三是转为成员的出资。合作社有盈余时，可以将提取的公积金转为成员出资，此时，公积金在成员账户中不体现在公积金份额上，而是反映在成员的出资额上（即在成员账户中记载在成员出资额项下，在公积金份额上不再重复记载）。

每年提取的公积金要量化为每个成员的份额。这是合作社在财务核算中的一个重要特点。一般情况下，公积金的量化标准主要依据当年该成员与合作社的交易量（额）来确定。合作社也根据自身情况，根据其他标准进行公积金的量化：一种是以成员出资为标准进行量化；另一种是把成员出资和交易量（额）结合起来考虑，两者各占一定比例来进行量化；再者还可以单纯以成员平均的办法量化。

【法律依据】

《中华人民共和国农民专业合作社法》第四十二规定：农民专业合作社可以按照章程规定或者成员大会决议从当年盈余中提取公积金。公积金用于弥补亏损、扩大生产经营或者转为成员出资。

每年提取的公积金按照章程规定量化为每个成员的份额。

4. 农民专业合作社对于盈余是如何进行分配的？

【解答】

农民专业合作社的盈余分配是合作社财务管理的核心内容。《中华人民共和国农民专业合作社法》对合作社盈余分配做了具体规定。

一是在弥补亏损、提取公积金后的当年盈余，为农民专业合作社的可分配盈余。

二是可分配盈余主要按照成员与本社的交易量（额）比例返还。成员享受合作社服务的量（即与合作社的交易量）是衡量成员对合作社贡献的最重要依据，成员与合作社的交易量就是产生合作社盈余的最重要来源，盈余应当主要根据其产生源头进行分配。因此，可分配盈余按成员与本社的交易量（额）比例返还的返还总额不得低于可分配盈余的百分之六十。

三是返还后的剩余部分，以成员账户中记载的出资额和公积金份额，以及本社接受国家财政直接补助和他人捐赠形成的财产平均量化到成员的份额，按比例分配给本社成员。这是为了鼓励成员出资，壮大合作社资金实力。需要注意的是，国家财政直接补助和他人捐赠形成的财产一般属于合作社所有，每年盈余分配时只是根据当年成员的数量平均量化出一个数额加入到每个成员按资分配的份额构成中，作为享受按资分配的依据，并不是将这些补助和捐赠形成的财产平均分配给每个成员所有，并且当某个成员的成员资格终止后，原来平均量化到该成员名下的国家财政直接补助和他人捐赠形成的财产的份额，将随其成员资格的终止而归零，其相应份额则由其余在社的成员重新平均量化。

四是经成员大会或者成员代表大会表决同意，可以将全部或者部分可分配盈余转为对农民专业合作社的出资，并记载在成员账户中。这一规定既满足了成员分配盈余的要求，又有利于合作社的发展壮大。但是，将可分配盈余的部分或者全部转化为对农民专业合作社的出资，必须经成员大会或者成员代表大会表决同意，以保护成员的合法利益。

五是具体分配办法按照章程规定或者经成员大会决议确定。具体分配方法，如何时分配、以何种形式分配应当按照章程规定或经成员大会决议确定。

【法律依据】

《中华人民共和国农民专业合作社法》第四十四条规定：在弥补亏损、提取公积金后的当年盈余，为农民专业合作社的可分配盈余。可分配盈余主要按照成员与本社的交易量（额）比例返还。

可分配盈余按成员与本社的交易量（额）比例返还的返还总额不得低于可分配盈余的百分之六十；返还后的剩余部分，以成员账户中记载的出资额和公积金份额，以及本社接受国家财政直接补助和他人捐赠形成的财产平均量化到成员的份额，按比例分配给本社成员。

经成员大会或者成员代表大会表决同意，可以将全部或者部分可分配盈余转为对农民专业合作社的出资，并记载在成员账户中。

具体分配办法按照章程规定或者经成员大会决议确定。

5. 农民专业合作社成员的出资方式有哪些？

【解答】

农民专业合作社成员可以用货币出资，也可以用实物、知识产权、土地经营权、林权等可以用货币估价并可以依法转让的非货币财产，以及章程规定的其他方式作价出资。由于农民专业合作社成员以其账户内记载的出资额和公积金份额为限对农民专业合作社承担责任，因此不论何种方式的非货币财产出资，都必须按照章程规定作价并记载为其账户内的出资。

虽然出资时不要求对非货币出资进行评估，但是在需要成员对合作社承担责任（例如成员退社或者合作社破产清算）时，如果非货币出资价值达不到出资时的作价（即账户内记载的出资额），应当负有补足义务。同时，为了保障农民专业合作社的资本充实，出资为有效出资。农民专业合作社成员禁止以对该社或者其他成员的债权，充抵出资；不得以缴纳的出资，抵销对该社或者其他成员的债务。

【法律依据】

《中华人民共和国农民专业合作社法》第十三条规定：农民专业合作社成员可以用货币出资，也可以用实物、知识产权、土地经营权、林权等可以用货币估价并可以依法转让的非货币财产，以及章程规定的其他方式作价出资；但是，法律、行政法规规定不得作为出资的财产除外。

农民专业合作社成员不得以对该社或者其他成员的债权，充抵出资；不得以缴纳的出资，抵销对该社或者其他成员的债务。

6. 农民专业合作社是否可以向公司进行投资？如果进行相应投资，需承担什么责任？

【解答】

根据《中华人民共和国农民专业合作社法》规定，农民专业合作社可以向公司进行投资。但是，为保护农民专业合作社的主体地位，同时，为了保护农民专业合作社及成员利益，对合作社投资公司等企业的责任承担作出了限制性规定，即农民专业合作社仅以投资额为限，承担有限责任，不对所投资企业的债务承担无限连带责任。

【法律依据】

《中华人民共和国农民专业合作社法》第十八条规定：农民专业合作社可以依法向公司等企业投资，以其出资额为限对所投资企业承担责任。

项目五　农民专业合作社合并、分立、解散、清算问题

1. 农民专业合作社合并的，原来的债务谁来承担？

【解答】

农民专业合作社的合并，是指两个或者两个以上的农民专业合作社通过订立合并协议，合并为一个农民专业合作社的法律行为。农民专业合作社在经营过程中，可以根据本社的经营状况，决定是否需要与其他农民专业合作社进行合并。合并之后，原本的农民专业合作社的债权债务关系必然发生变化。根据《中华人民共和国农民专业合作社法》第四十六条的规定，当农民专业合作社合并时，合并各方的债权、债务应当由合并后存续或者新设的组织承继。举例来说，A 农民专业合作社与 B 农民专业合作社合并，形成了 C 农民专业合作社。原本双方的债权和债务就应当由新成立的 C 农民专业合作社承继。

【法律依据】

《中华人民共和国农民专业合作社法》第四十六条规定：民专业合作社合并，应当自合并决议作出之日起十日内通知债权人。合并各方的债权、债务应当由合并后存续或者新设的组织承继。

2. 农民专业合作社分立的，原来的债务谁来承担？

【解答】

农民专业合作社的分立，是指一个农民专业合作社依法分成两个或者两个以上的农民专业合作社的法律行为。农民专业合作社在经营过程中，可以根据本社的经营状况，决定是否需要与其他农民专业合作社进行分立。分立之后，原本的农民专业合作社的债权债务关系必然发生变化。根据《中华人民共和国农民专业合作社法》第四十七条的规定，当农民专业合作社分立时，分立前的债务一般由分立后的组织承担连带责任。需要注意的是，如果分立前与债权人就债务清偿达成的书面协议另有约定的，不适用此规定。例如，A 农民专业合作社分立成为 B 农民专业合作社和 C 农民专业合作社，其原本的债权和债务关系由 B 和 C 承担连带责任。

【法律依据】

《中华人民共和国农民专业合作社法》第四十七条规定：农民专业合作社分立，其财产作相应的分割，并应当自分立决议作出之日起十日内通知债权人。分立前的债务由分立后的组织承担连带责任。但是，在分立前与债权人就债务清偿达成的书面协议另有约定的除外。

3. 农民专业合作社解散的原因有哪些？

【解答】

农民专业合作社的解散，是指合作社因发生法律规定的解散事由而停止业务活动，最终使法人资格消灭的法律行为。分为自行解散和强制解散两种。自行解散也称自愿解散，是指依合作社章程或者成员大会决议而解散，这取决于合作社成员的意志。强制解散是指因政府有关机关的决定或者法院判决而发生的解散。农民专业合作社一经解散即不能再以合作社的名义从事经营活动，并应当进行清算。清算完结，其法人资格消灭。根据我国《中华人民共和国农民专业合作社法》第四十八条的规定，农民专业合作社解散的原因主要有四个：

第一，章程规定的解散事由出现。如果农民专业合作社在章程中规定了本社解散的事由，那么，当解散事由出现时，农民专业合作社解散。

第二，成员大会决议解散。如果解散事由尚未出现或章程并未规定解散事由，经过成员大会共同表决通过的，农民专业合作社也可以解散。

第三，因合并或者分立需要解散。如果农民专业合作社合并或者分立以后成立了新的农民专业合作社，原来的农民专业合作社就已经不复存在，应当解散。

第四，依法被吊销营业执照或者被撤销。在这种情况下，农民专业合作社作为经济主体已经失去了营业资格，不能继续开展经营活动，应当解散。

【法律依据】

《中华人民共和国农民专业合作社法》第四十八条规定：农民专业合作社因下列原因解散：（一）章程规定的解散事由出现；（二）成员大会决议解散；（三）因合并或者分立需要解散；（四）依法被吊销营业执照或者被撤销。因前款第一项、第二项、第四项原因解散的，应当在解散事由出现之日起十五日内由成员大会推举成员组成清算组，开始解散清算。逾期不能组成清算组的，成员、债权人可以向人民法院申请指定成员组成清算组进行清算，人民法院应当受理该申请，并及时指定成员组成清算组进行清算。

《中华人民共和国农民专业合作社法》第五十一条规定：农民专业合作社因本法第四十八条第一款的原因解散，或者人民法院受理破产申请时，不能办理成员退社手续。

4. 农民专业合作社成员对于债务应承担什么责任？

【解答】

我国对农民专业合作社成员采用的是有限责任，即农民专业合作社成员对合作社的债务承担以其账户内记载的出资额和公积金份额为限，不再承担其他的清偿责任。采取有限责任的形式，一方面符合我国农民专业合作社处于发展壮大阶段的现状，另一方面从合作社发展历史看，无限责任的形式越来越少，更多的是采用有限责任形式。此外，无限责任对于鼓励农民创建或者加入合作社从事生产经营是不利的，可能会加重其责任。这里的“出资额”指的是成员认缴的出资金额，即现金数额或者实物等非货币财产以及章程规定的其他方式作价出资的作价金额，如果非货币出资价值被高估达不到作价金额的，该出资成员应当补足其不足部分。公积金份额指的是按照章程规定或者成员大会决议从当年盈余中提取的财产份额。依照《中华人民共和国农民专业合作社法》的规定，提取的公积金也需要量化到成员的账户。

【法律依据】

《中华人民共和国农民专业合作社法》第六条规定：农民专业合作社成员以其账户内记载的出资额和公积金份额为限对农民专业合作社承担责任。

5. 农民专业合作社进入清算阶段，清算组的职权有哪些？

【解答】

合作社一旦进入清算程序，理事会、理事、经理即应停止执行职务，由清算组行使管理合作社业务和财产的职权，对内执行清算业务，对外代表合作社。清算组的组成分为两种情况：一是经成员大会推举成员组成清算组；二是由人民法院指定成员组成清算组。

清算组的职权包括以下几个方面：

（1）处理与清算有关的合作社未了结的业务。主要指合作社解散前已经订立，目前尚在履行中的合同事项等。清算组可以根据清算工作需要决定尚在履行的合同是否继续履行。清算组在处理此项业务时应当坚持两条原则：第一，作出的处理决定必须合法；第二，有利于保护合作社和债权人的合法权益。

（2）清理合作社财产，包括编制资产负债表和财产清单。合作社的全部财产，包括固定资产、流动资产、有形资产、无形资产和其他资产。资产负债表是全面反映合作社资产、负债和所有者权益的会计报表，财产清单是合作社全部财产的明细表。

（3）清理债权、债务。合作社解散清算前和以清算为目的产生的各项债权、债务由清算组予以清理。如合作社对某一当事人既享有债权又负有债务的，其债权和债务可以相互冲抵。如果在清算的过程中发现合作社财产不足以清偿债务时，清算组应及时向人民法院申请宣告破产，在合作社经人民法院裁定宣告破产后，清算组应当将清算事务移交给人民法院，进入破产清算程序。

（4）分配清偿债务后的剩余财产。合作社清偿债务后的剩余财产是指合作社的财产在支付清算费用，职工工资及社会保险费用，清偿所欠税款及其他债务后合作社剩余的财产。这部分财产应当按照本法规定返还或者分配给合作社成员。在没有清偿合作社的债务之前，不得将合作社的财产分配给成员。

（5）代表合作社参与诉讼、仲裁或者其他法律程序。这是本法赋予清算组的重要民事权利，在清算期间，清算组代表合作社从事一切对外事务。

（6）清算结束时办理注销登记。

【法律依据】

《中华人民共和国农民专业合作社法》第四十九条规定：清算组自成立之日起接管农民专业合作社，负责处理与清算有关未了结业务，清理财产和债权、债务，分配清偿债务后的剩余财产，代表农民专业合作社参与诉讼、仲裁或者其他法律程序，并在清算结束时办理注销登记。

6. 农民专业合作社破产清偿有没有特定的财产清偿顺序？

【解答】

合作社进入破产清偿程序，要按一定的财产清偿顺序进行。首先，破产费用和公益债务由债务人财产随时清偿。其中，破产费用，是指人民法院受理破产申请后发生的破产案件的诉讼费用；管理、变价和分配债务人财产的费用；清算组执行职务的费用、报酬和聘用工作人员的费用。公益债务，是指人民法院受理破产申请后发生的下列债务：因清算组或债务人请求对方当事人履行双方均未履行完毕的合同所产生的债务；债务人财产受无因管理所产生的债务；因债务人不当得利所产生的债务；为债务人继续营业而应支付的劳动报酬和社会保险费用以及由此产生的其他债务；清算组或者相关人员执行职务致人损害所产生的债务；债务人财产致人损害所产生的债务。

其次，为了有效保护农民成员的合法权益，合作社破产，其破产财产在清偿破产费用和公益债务后，应当优先清偿破产前与农民成员已发生交易但尚未结清的款项，然后再依照《中华人民共和国企业破产法》的规定，清偿其他债务。

最后，在完成前两项清偿后，依照下列顺序清偿：① 破产人所欠职工的工资和医疗、伤残补助、抚恤费用，所欠的应当划入职工个人账户的基本养老保险、基本医疗保险费用，以及法律、行政法规规定应当支付给职工的补偿金；② 破产人欠缴的除前项规定以外的社会保险费用和破产人所欠的税款；③ 普通破产债务。破产财产不足以清偿同一顺序的清偿要求的，按照比例分配。

【法律依据】

《中华人民共和国农民专业合作社法》第五十五条规定：农民专业合作社破产适用企业破产法的有关规定。但是，破产财产在清偿破产费用和共益债务后，应当优先清偿破产前与农民成员已发生交易但尚未结清的款项。

项目六　农民专业合作社联合社相关问题

1. 什么是农民专业合作社联合社?

【解答】

根据我国《中华人民共和国农民专业合作社法》的规定，如要成立农民专业合作社联合社，应当有 3 个以上的农民专业合作社进行出资。农民专业合作社联合社与农民专业合作社一样，都具有独立的法人资格和市场主体地位，有权依法进行登记并取得营业执照。

农民专业合作社作为独立的法人，以其全部财产对外承担责任。但是，成员只需要以出资额为限对债务承担有限责任即可。在组织机构方面，农民专业合作社联合社也应当设立成员大会，但是不设成员代表大会，同时可以根据需要设立理事会、监事会或者执行监事等。在成员的表决权方面，实行一社一票制，每个成员享有一票表决权。如果成员想要退出农民专业合作社联合社，应当根据法定程序提交退社申请。

在组织管理方面，农民专业合作社联合社与农民专业合作社高度相似，如果法律对农民专业合作社联合社的事项并未作出具体规定，可以参照适用农民专业合作社的相关规定。

【法律依据】

《中华人民共和国农民专业合作社法》第五十六条规定：三个以上的农民专业合作社在自愿的基础上，可以出资设立农民专业合作社联合社。农民专业合作社联合社应当有自己的名称、组织机构和住所，由联合社全体成员制定并承认的章程，以及符合章程规定的成员出资。

《中华人民共和国农民专业合作社法》第五十七条规定：农民专业合作社联合社依照本法登记，取得法人资格，领取营业执照，登记类型为农民专业合作社联合社。

《中华人民共和国农民专业合作社法》第五十八条规定：农民专业合作社联合社以其全部财产对该社的债务承担责任；农民专业合作社联合社的成员以其出资额为限对农民专业合作社联合社承担责任。

《中华人民共和国农民专业合作社法》第五十九条规定：农民专业合作社联合社应当设立由全体成员参加的成员大会，其职权包括修改农民专业合作社联合社章程，选举和罢免农民专业合作社联合社理事长、理事和监事，决定农民专业合作社联合社的经营方案及盈余分配，决定对外投资和担保方案等重大事项。

农民专业合作社联合社不设成员代表大会，可以根据需要设立理事会、监事会或者执行监事。理事长、理事应当由成员社选派的人员担任。

《中华人民共和国农民专业合作社法》第六十条规定：农民专业合作社联合社的成员大会选举和表决，实行一社一票。

《中华人民共和国农民专业合作社法》第六十一条规定：农民专业合作社联合社可分配盈余的分配办法，按照本法规定的原则由农民专业合作社联合社章程规定。

《中华人民共和国农民专业合作社法》第六十二条规定：农民专业合作社联合社成员退社，应当在会计年度终了的六个月前以书面形式向理事会提出。退社成员的成员资格自会计年度终了时终止。

《中华人民共和国农民专业合作社法》第六十三条规定：本章对农民专业合作社联合社没有规定的，适用本法关于农民专业合作社的规定。

2. 农民专业合作社联合社是否具有法人地位?

【解答】

《中华人民共和国农民专业合作社法》规定，三个以上的农民专业合作社在自愿的基础上，可以出资设立农民专业合作社联合社。农民专业合作社联合社依照本法登记，取得法人资格，领取营业执照，登记类型为农民专业合作社联合社。农民专业合作社联合社以其全部财产对该社的债务承担责任；农民专业合作社联合社的成员以其出资额为限对农民专业合作社联合社承担责任。

对于农民专业合作社联合社的法人地位，需要强调以下几点：第一，农民专业合作社联合社也属于特别法人的一种，经登记取得营业执照后，作为市场主体开展经营活动，对其内部的基层社提供服务。第二，农民专业合作社联合社以其全部财产承担债务责任，成员以其出资额为限对联合社承担责任。第三，农民专业合作社联合社也需符合一般法人的成立条件，即应当有自己的名称、组织机构和住所，并由联合社全体成员制定并承认的章程，以及符合章程规定的成员出资等。

【法律依据】

《中华人民共和国农民专业合作社法》第五十六条规定：三个以上的农民专业合作社在自愿的基础上，可以出资设立农民专业合作社联合社。农民专业合作社联合社应当有自己的名称、组织机构和住所，由联合社全体成员制定并承认的章程，以及符合章程规定的成员出资。

《中华人民共和国农民专业合作社法》第五十七条规定：农民专业合作社联合社依照本法登记，取得法人资格，领取营业执照，登记类型为农民专业合作社联合社。

《中华人民共和国农民专业合作社法》第五十八条规定：农民专业合作社联合社以其全部财产对该社的债务承担责任；农民专业合作社联合社的成员以其出资额为限对农民专业合作社联合社承担责任。

3.《中华人民共和国农民专业合作社法》中对农民专业合作社联合社没有规定的，有何适用的兜底性规定？

【解答】

联合社是农民专业合作社之间的联合，除在成员组成、盈余分配、表决方式等方面有其独特之处，其组织运行与农民专业合作社基本一致，许多运行规则，如章程载明的事项、报送年度报告、成员权利义务、成员大会权力、财务管理、扶持措施、法律责任等，可以直接适用《中华人民共和国农民专业合作社法》对农民专业合作社的规定。

【法律依据】

《中华人民共和国农民专业合作社法》第六十三条规定：本章对农民专业合作社联合社没有规定的，适用本法关于农民专业合作社的规定。

4. 农民专业合作社联合社成员退社有哪些规定和特别限制？退社成员的退社资格什么时候终止？

【解答】

农民专业合作社联合社成员退社，应当在会计年度终了的六个月前以书面形式向理事会提出。没有设立理事会的联合社，成员退社申请可以向本社章程规定的机构或人员提出。联合社的章程可以对成员退社作出具体规定，但应当符合《中华人民共和国农民专业合作社法》的规定，不得违反退社自由原则。联合社成员退社的特别限制只有一项，即在联合社解散和破产阶段，不能办理成员退社手续。

农民专业合作社联合社退社成员的成员资格自会计年度终了时终止。在成员的退社申请获得批准后、会计年度终了前的这段时间，该成员仍享有成员的相关权利，履行成员的相关义务。

【法律依据】

《中华人民共和国农民专业合作社法》第六十二条规定：农民专业合作社联合社成员退社，应当在会计年度终了的六个月前以书面形式向理事会提出。退社成员的成员资格自会计年度终了时终止。

项目七　农民专业合作社相关扶持措施问题

1. 农民合作社给农民的盈余返还款，农民收到后要不要交个税？

【解答】

对于合作社成员从农民专业合作社获取的收益是否交个税，要注意区分盈余返还和分配所得两个概念。

根据《中华人民共和国农民专业合作社法》第四十四条规定，按成员与本社交易量（额）比例返还，返还总额不得低于可分配盈余的60%。对于该部分“分配所得”，涉及的是“盈余返还”，而且是按照成员与本社交易量（额）比例返还。也就是说，农民社员取得该部分所得的前提，必须要与合作社发生交易，比如农民自产农产品或农业初级产品销售给合作社，再由合作社统一销售出去。因此，农民社员取得的该部分所得，其实应该是农民销售自产农产品或农业初级产品的所得收入。按照《财政部国家税务总局关于农村税费改革试点地区有关个人所得税问题的通知》(财税〔2004〕30号)规定，自2004年1月1日起，农村税费改革试点期间，取消农业特产税、减征或免征农业税后，对个人或个体户从事种植业、养殖业、饲养业、捕捞业，且经营项目属于农业税（包括农业特产税）、牧业税征税范围的，其取得的“四业”所得暂不征收个人所得税。

因此，对于农民社员因“四业”与合作社发生交易而产生的盈余返还，可以暂不征收个人所得税。

根据《中华人民共和国农民专业合作社法》第四十四条规定，按前项规定返还后的余额部分，以成员账户中记载的出资额和公积金份额，以及本社接受国家财政直接补助和他人捐赠形成的财产平均量化到成员的份额，按比例分配给本社成员。对于该部分“分配所得”，涉及的是“分配”，而且是按照成员的出资额和公积金份额来计算，而且盈余来源更加广泛，包括了国家财政补助、他人捐赠等。因此，该部分“分配所得”，就不是“四业”所得。

对于该部分分配所得，个人所得属于“利息、股息、红利所得”，应缴纳个人所得税，税率为20%。

【法律依据】

《中华人民共和国农民专业合作社法》第四十四条规定：在弥补亏损、提取公积金后的当年盈余，为农民专业合作社的可分配盈余。可分配盈余主要按照成员与本社的交易量（额）比例返还。

可分配盈余按成员与本社的交易量（额）比例返还的返还总额不得低于可分配盈余的百分之六十；返还后的剩余部分，以成员账户中记载的出资额和公积金份额，以及本社接受国家财政直接补助和他人捐赠形成的财产平均量化到成员的份额，按比例分配给本社成员。

经成员大会或者成员代表大会表决同意，可以将全部或者部分可分配盈余转为对农民专业合作社的出资，并记载在成员账户中。

具体分配办法按照章程规定或者经成员大会决议确定。

2. 国家对农民专业合作社的扶持措施有哪些？

【解答】

根据《中华人民共和国农民专业合作社法》对农民专业合作社的扶持措施所作出的相关规定，可以从以下几个方面进行归纳：

第一，对于那些国家支持发展的农业和农村经济的建设项目，可以委托和安排有条件的农民专业合作社实施。

第二，除中央和地方财政外，国家的政策性金融机构也会为农民专业合作社开展经营活动提供资金和技术的支持。同时，国家还鼓励商业性金融机构和保险机构为农民专业合作社提供相应的服务。

第三，在税收方面，农民专业合作社也享受着一系列的优惠措施。

第四，国务院还对农民专业合作社从事农产品初加工用电执行农业生产用电价格，以及农民专业合作社生产性配套辅助设施用地按农用地管理规定了优惠政策。

综上，国家从方方面面为农民专业合作社提供了保障与政策支持，帮助农民专业合作社开展生产经营活动。

【法律依据】

《中华人民共和国农民专业合作社法》第六十四条规定：国家支持发展农业和农村经济的建设项目，可以委托和安排有条件的农民专业合作社实施。

《中华人民共和国农民专业合作社法》第六十五条规定：中央和地方财政应当分别安排资金，支持农民专业合作社开展信息、培训、农产品标准与认证、农业生产基础设施建设、市场营销和技术推广等服务。国家对革命老区、民族地区、边疆地区和贫困地区的农民专业合作社给予优先扶助。

县级以上人民政府有关部门应当依法加强对财政补助资金使用情况的监督。

《中华人民共和国农民专业合作社法》第六十六条规定：国家政策性金融机构应当采取多种形式，为农民专业合作社提供多渠道的资金支持。具体支持政策由国务院规定。

国家鼓励商业性金融机构采取多种形式，为农民专业合作社及其成员提供金融服务。

国家鼓励保险机构为农民专业合作社提供多种形式的农业保险服务。鼓励农民专业合作社依法开展互助保险。

《中华人民共和国农民专业合作社法》第六十七条规定：农民专业合作社享受国家规定的对农业生产、加工、流通、服务和其他涉农经济活动相应的税收优惠。

《中华人民共和国农民专业合作社法》第六十八条规定：农民专业合作社从事农产品初加工用电执行农业生产用电价格，农民专业合作社生产性配套辅助设施用地按农用地管理，具体办法由国务院有关部门规定。

参考文献

[1] 史常亮，占鹏，朱俊峰. 土地流转、要素配置与农业生产效率改进[J]. 中国土地科学，2020（3）：49-57.

[2] 蔡文聪，杨海钰，张强强，等. 农户兼业是否导致农业生产低效率——基于农业社会化服务视角[J]. 干旱区资源与环境，2022（1）：26-32.

[3] 朱熙宁. 互联网经济背景下我国农产品流通模式创新[J]. 商业经济研究，2019（4）：120-122.

[4] 韩广涛. 新时期农产品商贸流通体系建设与管理创新[J]. 时代经贸，2022，19（4）：46-48.

[5] 李书华，王艳晓. 我国农产品加工业的发展现状、存在问题及对策简析[J]. 现代农机，2021（3）：14-15.

[6] 李亿峰，郑雅静，郑传芳. 创新补贴对农产品加工企业创新产出的影响研究[J]. 东南学术，2021（4）：125-133.

[7] 曹越方，黄刚，吴龙剑. 推广优质粮食工程"阜南样板"助力乡村振兴战略实施[J]. 中国粮食经济，2021（8）：62-63.

[8] 李守伟，李光超，李备友. 农业污染背景下农业补贴政策的作用机理与效应分析[J]. 中国人口·资源与环境，2019（2）：97-105.

[9] 毛慧，曹光乔. 作业补贴与农户绿色生态农业技术采用行为研究[J]. 中国人口·资源与环境，2020（1）：49-56.

[10] 张颂心，王辉，徐如浓. 科技进步、绿色全要素生产率与农业碳排放关系分析——基于泛长三角 26 个城市面板数据[J]. 科技管理研究，2021（2）：211-218.

[11] 马建明，南士敬. 科技服务业投入与产出要素影响关系的实证研究——以西安为例[J]. 科技管理研究，2016（18）：78-80.

[12] 陈希玉. 现代农业. 资源节约、环境友好型的可持续农业[J]. 现代农业创新与发展，2016（3）：71-75.

[13] 中国法制出版社编写组. 中华人民共和国农产品质量安全法（含草案说明）（2022 年最新修订版）[M]. 北京：中国法制出版社，2022.

[14] 吴秀敏. 农产品质量安全管理理论与实践[M]. 北京：科学出版社，2023.
[15] 张穹，贾幼陵. 兽药管理条例释义[M]. 北京：中国农业出版社，2005.
[16] 中国法制出版社编写组. 农业转基因生物安全管理条例[M]. 北京：中国法制出版社，2001.
[17] 吴淼. 农产品质量安全风险发生机制及其治理研究[M]. 北京：高等教育出版社，2016.
[18] 许传波，陆远强，汤森龙. 农产品质量安全与农业品牌化建设[M]. 北京：中国农业科学技术出版社，2016.
[19] 中共重庆市委宣传部 西南政法大学. 民法典与百姓生活 100 问[M]. 重庆：重庆出版社，2021.
[20] 彭诚信. 民法典与生活[M]. 上海：上海人民出版社，2020.
[21] 舒丹. 农民工权益保护一本通[M]. 北京：中国法制出版社，2021.
[22] 苏华伟，李艳丽. 农村法律知识实用问答[M]. 北京：中国法制出版社，2021.
[23] 法律出版社法律应用中心. 乡村法律明白人（乡镇企业、农民专业合作社政策法律 100 问）[M]. 北京：法律出版社，2022.
[24] 法律出版社法律应用中心. 乡村法律明白人（农村土地、宅基地政策法律 100 问）[M]. 北京：法律出版社，2022.
[25] 法律应用研究中心. 公司法一本通[M]. 北京：中国法制出版社，2023.